ЛЕВ КОПЕЛЕВ

ДЕРЖАВА И НАРОД

ЗАМЕТКИ НА КНИЖНЫХ ПОЛЯХ

Ардис

Лев Копелев
Держава и народ

Copyright ©1982 by Ardis

No part of this publication may be reproduced in any form
or in any language without the written permission of
the publisher, Ardis, 2901 Heatherway,
Ann Arbor, Michigan 48104.

Library of Congress Cataloging in Publication Data

Kopelev, Lev, 1912-
    Derzhava i narod.

        1. State, The. 2. Communist state. 3. Authority.
4. Legitimacy of governments. 5. Soviet Union—
Politics and government—1917-   . I. Title.
JC267.K75   82-4081
ISBN 0-88233-716-5   AACR2
ISBN 0-88233-717-3 (pbk.)

ПОСВЯЩАЮ:

Прошлому — памяти Максимилиана Волошина

Настоящему — надеждам Андрея Сахарова

Будущему — нашим внукам

Россия слишком величественна,
чтобы проводить национальную
политику ... ее дело в мире есть
политика рода человеческого...
пора бросить ясный взгляд на
наше прошлое ... Ведь протек-
шее определяет будущее; таков
закон жизни. Отказаться от своего прошлого значит лишить себя
будущего.

П. Я. Чаадаев[1]

1. О РАЗЛИЧИЯХ МЕЖДУ ГОСУДАРСТВАМИ И НАЦИЯМИ

1.0. Такое противопоставление здесь — непремен-
ное условие. Подчеркнуть его с самого начала необходимо, потому что не только в политической публи-
цистике, но и в научно-исторических работах — эти
понятия часто предельно сближаются либо даже отож-
дествляются. И тогда история нации, национальной
культуры воспринимается как история государства и
наоборот. Такое сближение или отождествление
влечет за собой неизбежные разногласия в объясне-
ниях причин и целей исторических событий — войн,
завоеваний, революций, в оценках отдельных исторических деятелей и целых наций.

1.1. НАЦИЯ, в моем представлении, это — куль-
турно историческое единство людей, связанных между
собой общностью языка, обычаев и сознанием общей
судьбы в прошлом, настоящем и будущем.

Несостоятельными представляются мне все мате-
риалистические толкования понятия нация: и социаль-
но-материалистические (общность экономических интересов) и биолого-материалистические (расистские),
придающие главное значение генетическим крово-
родственным связям.

История свидетельствует, что духовное, культурное единство нации поглощает и ''переваривает'',

7

переплавляет противоречия классов, сословий, партий и все различия племенного этнического происхождения.

Нации отличаются от народностей и племен именно тем, что они более сложны, внутренне более многообразны, обладают и количественно более значительным и качественно более разнородным духовным (культурным) достоянием. Все современные нации на всех континентах образовались из смешения и слияния разных племенных и расовых источников.

Каждая нация в своей исторической судьбе, в своем культурном и художественном творчестве неповторимо своеобразна, самобытна. И в этом смысле можно говорить о нации — "коллективной личности".

1.2. Однако понятие *национальный характер*, по-моему, действительно и существенно только, когда речь идет о культуре, о мифологии и философии, об искусстве и словесности; если же применять его в суждениях о психологическом складе отдельных людей или целых народов, то это понятие неизбежно отделяется и отдаляется от реальности, сводится к зыбким субъективистским определениям.

Нет в мире нации, представители которой не претендовали бы на свободолюбие, добродушие, великодушие, мужество, сметливость (ум) и прочие добродетели, как на основные черты своего "национального характера". И, напротив, нет в мире нации, которую враги-шовинисты не укоряли бы в жестокости, коварстве, трусости, жадности, мстительности, чванстве и т.п. пороках.

Обобщающей мифологии национальных характеристик придают известное правдоподобие те реальные *"гео-социо-психологические"* особенности, которые отличают большие группы людей — расы или "суперэтносы", как сказал бы Л. Н. Гумилев, — т. е. те свойства темперамента, врожденные способности и с младенчества усвоенные навыки, которые присущи, например, большинству северян в отличие от большинства южан, жителям крупных индустриальных городов или международных портов в отличие от обитателей тихих сельских местностей, маленьких городков... Исландский, норвежский или финский крестьянин или северорусский помор воспринимает француза-марсельца, испанца из Малаги, итальянца из Неаполя, грузина из Батуми и коренного одессита, независимо от его "паспортного" произхождения (русского, украинского, еврейского, греческого, румынского и пр.), как людей одной породы, одного "национального характера".

Национальное, этнографически-антропологическое и лингвистическое единство каждого из народов Европы является лишь относительным. Каждый из этих народов представляет собою соединение разных более мелких этнических групп, имеющих свои диалектические, культурные и антропологические особенности, но связанных друг с другом узами родства и общей истории, создавших некий общий для всех них запас культурных ценностей.[2]

1.3. Всего настойчивее, вязче сохраняется националистическая мифология и недобрые предрассудки национальной вражды благодаря тем древнейшим и возможно врожденным свойствам, (потому что они присущи не только людям — всех рас — но и многим иным живым существам) — которые побуждают недоверчиво отличать "свое" от "чужого" и непривычное явление и необычное иное существо воспринимать как опасность, угрозу или как добычу. Эллины всех иноземцев считали варварами, для многих китайцев и сегодня все белые — "заморские черти", для многих мусульман все иноверцы — "неверные псы"... Так веками возникали и непримиримая вражда между соседними — даже родственными — кланами (племенами, деревнями) и обычаи кровной мести, традиции "наследственной" вражды и все изуверства новейшего шовинизма и расизма.

Современный рост националистических настроений в самых разных краях земли и у всех народов

нашей страны, настроений, которые бурно рождают-
ся и там, где их еще никогда не было, — вызывается
также противоречиями всемирного начуно-техничес-
кого прогресса.

Индустриальная цивилизация XX века — массовое производство стандартных предметов широчай-
шего бытового потребления, стандартной информации
и педагогики, стандартных жилищ и стандартных за-
менителей искусства — приводит к обезличивающей
стандартизации общественного бытия и частного быта,
к тому "омассовению", которое подавляет своеобразие личности человека и личности нации.

Это вызывает естественную реакцию патриоти-
ческого сопротивления, которое нередко перерастает
в болезненный национализм, питающий уже вовсе
уродливые шовинистические предрассудки.

1.4. Однако, чтобы не отвлекаться на вопросы,
не связанные с темой этих заметок, я ограничусь здесь
простым утверждением.

Будучи твердо уверен, что на земле нет плохих
народов и плохих наций, что в каждой из них есть и
хорошие и дурные люди, что всем нациям присуще
примерно равное соотношение внутренних сил добра и
зла, я знаю, что были, есть и, вероятно, еще долго пре-
будут плохие и очень плохие государства.

Драматическая и трагическая история наций
определяется прежде всего воздействием на них
держав-государств, т. е. тех властных сил, которые,
врываясь извне, либо вызревая изнутри, — но отчуж-
даясь, противопоставляя себя своим подданным (по-
датным, тягловым, военнообязанным и пр.) — сплошь
и рядом становятся для них более вредными и гу-
бительным, чем те внешние и внутренние враги, за-
щитой от которых обосновывается самоутверждение
всех государств.

Поэтому я убежден, что одно из высших завоеваний человечества заключено в преодолении инстинк-
тов и предрассудков национальной вражды. Это дости-
жимо разными путями: и по заветам Христа, Лао Дзы,

Будды и в духе гуманистического просвещения, на основе либеральной терпимости или идеалов демократического социализма.

1.5. Государства возникали задолго до того, как стали складываться нации. Разнообразные структуры государственной власти — монархической, олигархической, республиканской — системы взаимодействия и взаимосвязи между представительными, законодательными, исполнительными, судебными, военными и др. учреждениями, между светскими и религиозными — жреческими, храмовыми — властями складывались в древности и передавались новым поколениям разных племен и народностей, усваивались новыми государствами, возникавшими уже в совсем иных природных и общественных условиях.

Разумеется, все эти структуры и системы видоизменялись. Но общие черты и свойства многих государственных структур сохранялись в разные века и в разных странах, хотя также мало соответствовали различиям или сходствам между разными народами, как, например, римское понятие Цезарь и этимологически от него исходящие понятия: "кайзер", "царь", "кесарь", "цисар".

Мыслители разных времен и народов, начиная от Аристотеля и до наших дней, по разному судили о природе государства. Для одних оно было "естественным" организмом, само собой возникающим в жизни общества (Аристотель, Цицерон, Гропиус, Томазиус, Гегель), для других — божественным установлением (бл. Августин, схоласты), для третьих — плодом "общественного договора" — соглашения между разными силами общества (Гоббс, Локк, Руссо).

Однако, никто не отождествлял правящие силы с управляемыми. Гегель считал современное ему государство воплощением Разума, ипостасью "абсолютного духа". Он противопоставлял его народу, которому присущи "темные, пустые и запутанные представления и мысли". Он утверждал:

11

По отношению к сферам частного права и частного блага, семьи и гражданского общества Государство с одной стороны внешняя необходимость и их внешняя власть, но с другой стороны оно есть их имманентная цель и имеет свою силу в единстве всеобщей конечной цели государства и особого интереса индивидов. (№ 267, ,,Философии права'')

1.6. Маркс и Энгельс, мятежные ученики Гегеля, упрекали его в том, что посредством этой ''неразрешенной антиномии'' он ''узаконил противоположность между государством и гражданским обществом''.[3] Сами они старались в отличие от ''идеалистических абстракций'' Гегеля определить материальную конкретную природу государства и прежде всего его социальную, классовую структуру; однако они неизбежно приходили все к той же ''неразрешимой антиномии'' государства и общества: ''Революция (французская) освободила буржуазное общество от феодальных оков ... как ни старался терроризм принести это общество в жертву антично-политическому строю жизни''. Они признали, что Наполеон мог с уверенностью говорить: ''С моими префектами, жандармами и попами я могу сделать из Франции все, что хочу''. Маркс и Энгельс так комментировали это заявление:

Наполеон понимал уже истинную сущность *современного государства* /курсив подлинника/... Он завершил терроризм, поставив на место перманентной революции перманентную войну и боролся против буржуазного общества, как противника государства, олицетворенного в нем (в императоре).[4]

Энгельс писал:

Вследствии состава народа из мелких общин . . . условием дальнейшего существования нации становится государственная власть, возникшая из их среды, но враждебно им противоставшая и все более их эксплуатировавшая.[5]

В ''Критике Готской программы'' сформулировано требование: ''превратить государство из органа, стоящего над обществом, в орган этому обществу подчиненный''.[6]

1.7. Константин Леонтьев — апологет сильной государственности (само это слова также как "государство" он писал только с прописной буквы) считал, что:

Государство с одной стороны как бы — дерево, которое . . . растет, повинуясь некоему таинственному, независящему от нас, деспотическому повелению внутренней вложенной в него идеи. С другой стороны оно есть машина, и сделанная людьми полусознательно, и содержащая людей, как части, как колеса, рычаги, винты, атомы.[7]

Он утверждал: "Идея национальности в том виде, в каком она является в X1X веке, есть идея в сущности вполне космополитическая, антигосударственная, противу-религиозная".[8] Эту "племенную национальную идею" он считал присущей только "радикалам, отъявленным . . . разрушителям".[9]

1.8. Достоевский, споря с "западником" А. Градовским, предсказывал скорое разрушение Западной Европы.

Симптомы ужасны. Уж одно только старо-давно-неестественное политическое положение европейских государств может послужить началом всему. Да и как бы оно могло быть естественным, когда естественность заложена в основании их и накоплялась веками? Не может одна малая часть человечества владеть всем остальным человечеством, как рабом, а ведь для этой единственной цели и слагались до сих пор *все* /курсив подлинника Л. К./ (гражданские) уже давно не христианские учреждения Европы, теперь совершенно языческой.[10]

В августе 1880 года Достоевский был глубоко убежден в очень скором — "может быть даже в наступающем десятилетии" — крушении этих государств; когда "миллионы голодных ртов отверженных пролетариев" выйдут на улицы и "все старое рухнет на веки".

Предсказывая буквально то же, что раньше предсказывал "Коммунистический манифест", но только с еще большей уверенностью и пророческой страстностью, Достоевский противопоставлял "политическим учреждениям" Запада, "которые там завтра же рухнут, как изживший свой век абсурд", русское христианство и возможности "органического и самостоятельного развития России на собственных ее народных началах".[11]

Но и он не идеализировал Российское государство. Хотя судил о нем более снисходительно, чем об "абсурдных" западных, ссылаясь на то, что оно:

...претерпело такие страшные вековые страдания от врагов, от Татарщины, от неустройства, от крепостного права, от Европы и европеизма, что настоящей общественной формулы в смысле духа любви и христианского самосовершенствования, действительно еще в нем не выработалось.[12]

Главной бедой современной ему Российской государственности Достоевский так же, как и славянофилы полагал именно "европеизм", "подражание Западу", иными словами *именно отчужденность от нации, от народа*.

1.9. Через полвека после Леонтьева и Достоевского, Г. П. Федотов исходивший из несколько иной, но тоже глубоко религиозной и национальной точки зрения, убежденный, что лишь "русской Церкви дано было раскрыть смысл национальной идеи", доказывал, что для России: "национальный путь оборвался более двух веков назад . . . весь духовный опыт денационализации России, предпринятый Лениным, бледнеет перед делом Петра".[13]

1.10. В 1907 году Каутский пришел к выводу: "Национальное государство есть форма государства, наиболее соответствующая современным условиям", т. е. эпохе капитализма, и напротив, в многонациональных государствах "внутреннее сложение по тем или другим причинам осталось ненормальным или недоразвитым".

Роза Люксембург сочла это определение "абстракцией . . . не соответствующей действительности".

Ленин очень сердито оспаривал ее и подтверждал "безусловную правильность положение Каутского:

14

"национальное государство есть правило и "норма" капитализма, пестрое в национальном отношении государство — отсталость или исключение". Он даже обвинял Розу Люксембург в том, что она "помогает на деле черносотенцам-великороссам".[14]

Ленин отстаивал вполне абстрактное "право нации на самоопределение", как пункт партийной программы и в то же время отвергал принципы федерации или автономии наций.[15]

Догматик универсальной теории классовой борьбы, видевший в любом государстве только орудие классового угнетения, Ленин в те поры (до войны 1914 года) считал национальные проблемы вообще второстепенными, преходящими и пригодными только для тактических пропагандистских маневров. Поэтому пред ним не возникала, да и не могла возникнуть проблема соотношения государства и нации.

Как далеко такой догматизм уводил от действительности видно хотя бы из того, что в то время — в 1914 году — он уверял, что национальный вопрос "в большинстве западных стран давным-давно решен", что венгры и чехи тяготеют "не к отделению от Австрии, а к сохранению целостности Австрии".[16]

2.0. Существенные, принципиальные различия или острые противоречия даже между "одноименными" нациями и государствами можно проследить на всем протяжении истории.

Особенно явственны такие противоречия, когда государства создавались иноземными завоевателями.

2.1. Кельтские племена на Британских островах были покорены англо-саксонскими эрлами. Потом и тех и других подчинили себя датские короли. В Х1 веке офранцуженные викинги — норманские бароны — завоевали Англию и еще несколько столетий английские короли титуловали себя также королями Франции.

Ирландская нация сложилась и развивалась в упорной борьбе против английских завоевателей. Им противоостояли и шотландские, и валлийские племена. И сегодня в Штотландии и в Уэльсе, столетия после давних усобиц, вновь оживились национальные интересы, чуждые Британской державе.

2.2. Французское государство унаследовало название от франков, одного из германских племен, которые воевали и против туземцев — кельтов и против римских колонистов. В многовековой истории централизованного и, казалось бы уже "однонационального" французского государства, значительные роли играли иностранцы — политики, военоначальники, администраторы.

Императора Карла Великого (Шарлеманя) называют своим предком французские и немецкие националисты. Французской королевой в X1 веке была русская княжна Анна Ярославна. Испанские, английские, немецкие, швейцарские вояки достигали самых высоких постов и званий во Франции; торжество абсолютизма там подготовили испанские и итальянские царедворцы двух королей из Флорентийского рода Медичи и кардинал-итальянец Мазарини. В XVIII веке министрами, весьма влиявшими на судьбы государства, были ирландец Лоу и швейцарец Неккер. Последними защитниками французского короля в августе 1792 года оставались швейцарские гвардейцы. Трудно переоценить значение в политической истории Франции корсиканца Наполеона и его разноплеменных маршалов. И в наши дни во Французской республике проявляются локальные племенные интересы бретонцев, нормандцев, наварцев, провансальцев.

2.3. "Вся романская Европа сложилась вокруг национально чуждых государственных ячеек: германских королевств".[17]

Немецкая и итальянская нации развивались вне единого государства. В наименовании "Римская империя германской нации", которое применялось с X века до 1804 года, слово "нация" существенно отличалось от современного понятия; оно относилось ко

16

всем рожденным в пределах данной страны.

В 1804 году числилось более двухсот самостоятельных немецких государств; к 1807 году их осталось 36, и еще доныне многие немцы спорят, в какой мере принадлежат к немецкой национальной культуре австрийцы, немецкоязычные швейцарцы и эльзасцы.

Италия тоже стала "единым государством" только во второй половине Х1Х века.

2.4. Польская нация формировалась первоначально в пределах многоплеменного королевства, к которому принадлежали еще и литовцы, пруссы, белорусы, украинцы, русские, евреи, татары, немцы и другие. А после разделов Речи Посполитой польская нация и национальная культура развивались на протяжении полутора столетий в трех разных государствах. В настоящее время несколько миллионов поляков образуют зарубежную "Полонию", оставаясь гражданами США, Канады, Франции, Бельгии, Австралии и т. д.

2.5. Армянская нация складывалась фактически уже после крушения древнего разноплеменного армянского царства. Национальная культура армян развивалась в разных государствах, разделенных не только политической враждой, но иногда и огромными расстояниями. Собственно Армения было разделена между Российской и Османской империями. Многочисленные армянские общины столетиями существовали в арабских странах, в Грузии, в Италии, в Польше, во Франции, в Австрии, в США, в Индии.

2.6. Национальные культуры в рассеянии, в эмиграции — особая тема для историков разных эпох. Значение "Колокола" и дореволюционной эмигрантской литературы в истории русской мысли и русской словесности неоспормиы. Еще предстоит достойно оценить и исследовать роль эмиграции послереволюционной. Русскими изгнанниками стали философы: Бердяев, Булгаков, Франк, Федотов, Лосский, Шестов; писатели: Бунин, Набоков, Ремизов; композиторы: Рахманинов, Стравинский; художники: Гончарова, Ларионов, Кандинский, Шагал, Рерих; ученые, артисты, и многие другие мастера культуры . После-революционные эмигранты сберегали и развивали те духовные и эстетические традиции, которые на Родине старались вытаптывать сталинские опричники.

Эмигрантский "тамиздат" помог возвратиться в Россию многим погубленным и опальным авторам, чьи произведения были десятилетиями недоступны, запретны, чьи имена замалчивались и вымарывались.

Современное развитие русской, украинской, ла-тышской, эстонской, литовской и других националь-ных культур, чьи основные очаги находятся в преде-лах СССР, немыслимо без участия старых и новых эмигрантов, живущих в разных странах мира, без их книгоиздательств и журналов.

Благодаря эмигрантам впервые изданы полные собрания сочинений Анны Ахматовой, Осипа Мандель-штама, Николая Клюева, Пастернака, готовятся пол-ные собрания Цветаевой, Владимира Набокова, Анд-рея Белого, а также "Доктор Живаго", романы Сол-женицына, Владимова, Войновича, Корнилова, Мак-симова, повести и публицистика Лидии Чуковской, воспоминания Евгении Гинзбург и Надежды Мандель-штам. В эмиграции и зарубежными славистами впер-вые были "открыты" поэзия Бродского, Горбанев-ской, проза Синявского и Саши Соколова.

2.7. Китайская /Ханьская/ нация возникла и подолгу развивалась в границах нескольких разно-племенных, часто враждовавших между собою кня-жеств. Один из первых реально-исторических (а не легендарных) объединителей страны родоначальник Ханьского великодержавия Цынь-Ши-хуан-ди (11 век до нашей эры) беспощадно разрушал национальную культуру, сжигал книги, убивал философов и поэтов.

Позднее, централизованное китайское государст-во сколачивали иноплеменные завоеватели: чжурчже-ни (1Х век), монголы (Х111 век) и, наконец, мань-чжуры (ХУ11-ХХ век), впервые создавшие Китай — как огромную разноплеменную империю.

2.8. Примеры сугубо противоречивой зависимости либо независимости национального развития от государственного явственны в истории Украины, Индии, стран Латинской Америки и других.

Л. Н. Гумилев исследовал возникновение и развитие этносов — "групп людей, объединенных единством происхождения, обычаев, языка и укладов жизни, среды, к которой этнос приспособляется".[18]

Этнос — определение близкое к понятию нации, но не всегда с ней совпадающее. Л. Гумилев считает, что "социальные и этнические процессы различны по своей природе"[19] и полагает, что само понятие государства у разных этносов различно и по существу, и даже "не переводимо". Он приводит пример. Китайское "ГО" значит совсем не то, что немецкое *Staat*, французское *état*, английское *state*, иранское "шахр", тюркское "орда" и т. д.[20]

II. НЕКОТОРЫЕ ЧЕРТЫ РОССИЙСКОЙ ИСТОРИИ

Император и самодержец Всероссийский, Московский, Киевский, Владимирский, царь Казанский, царь Астраханский, царь Польский, царь Сибирский, царь Херсонеса Таврического, царь Грузии, государь Псковский, Великий князь Смоленский, Литовский, Волынский, Подольский, Финляндский, князь Эстляндский, Лифляндский, Курляндский, Семгальский, Самогитский, Белостокский, Карельский, Тверский, Югорский, Пермский, Вятский, Болгарский и иных; государь и Великий князь Новагорода, низовский земли, Черниговский, Рязанский, Полоцкий, Ростовский, Ярославский, Витебский, Мстиславский и всея северные страны, Повелитель и государь Иверский и Карталинския земли и области Арменския; Черкасских и горских князей и иных наследий обладатель, государь Туркестанский,

19

наследник Норвежский, герцог Шлезвиг-Голш-
тинский, Стормарнский, Дитмарсенский и
Ольденбургский и прочая, и прочая.

Титул Российских императоров в XIX-XX вв.

    1.0. В истории Российского государства представ-
ляются достаточно отчетливо различимыми шесть
периодов: древнейший, почти не документированный
— "до Рюрика"; Киевская Русь 1X-X11; Владимиро-
Суздальская Русь X11-X111; Великое княжество
Московское X1У-ХУ; Московско-Российское царство
ХУ1-ХУ11 и Российская империя с ХУ111 века.
    1.1. Восточно-славянские племена до Рюрика и
до крещения Киевской Руси, а иные еще и позднее, не
сознавали себя принадлежащими к одной нации. Само
название "Русь-Рос" пришло с Варяжскими князьями и их дружинами. Хотя явно совпадало с местными
понятиями и определениями; например, "русый". Однако, и финны и эстонцы еще и сейчас называют шве-
дов "рус" или "русс", а русских "вены" или "фены",
т. е. именем одного из славянских племен венетов
(вендов). Латыши называют русских "кривейс" (кри-
вичи"; в Польше и на Украине веками держалось название "москаль"(москвич). Подобно этому немцев,
которые сами себя называют "дойче", славяне зовут
"немцами" и 'швабами", французы и испанцы "але-
манами", англичане "германами", эстонцы — сасса-
ми (саксами) и т. д.
    1.2. Образование Российского государства —
Великого княжества, Царства, Империи — было связано, прежде всего, с развитием великорусской нации.
Однако связи эти часто оказывались трагически про-
тиворечивыми.
    Киевское Великое княжество складывалось пер-
воначально при деятельном участии Варяжских при-
шельцев. Вечевые республики Новгорода, а позднее
Пскова и Вятки были по своему общественному
строю в большей мере независимы от иноземцев.

Принятие христианства князьями и их дружинами привело на Русь греческих и болгарских монахов. Г. Федотов писал: "Духовенство, книжники, 'мнихи', в древней Руси ... несли народу чужую греческую веру, а вместе с ней греческий быт, одежду, понятия, нравственность ... но они не наталкивались на сопротивление иной культуры".[1]

И все же есть основания полагать, что такое сопротивление бывало. Восстания волхвов, о которых летописи повествуют кратко и невразумительно,[2] вероятно выражали именно сопротивление восточнославянских племен княжеской государственной власти и связанному с ней чужеродному духовенству. И, вероятно, именно поэтому древнейший русский фольклор сохранился в значительно меньшей степени, чем современный ему кельтский или германский. Христианские князья, их варяжские дружины, греко-болгарские и местные священники и монахи, видимо, расправлялись со всеми проявлениями языческой, — т. е. народной, протонациональной — русской культуры куда успешнее, чем их католические коллеги на западе. Хотя и те не отличались терпимостью.

2.0. И Киевское, и Владимиро-Суздальское княжества возникали сравнительно однородными (этнически). Но в те поры решающее значение имело не племенное происхождение, а служба (подданство), принадлежность к определенной общине и конечно же вероисповедание. Целые кланы степняков — половцев, торков и печенегов становились оседлыми данниками Киевских, Рязанских, Черниговских, Владимирских и других князей. Смешанные браки были обычны, и даже князья женились на степнячках-полонянках, а позднее и на татарско-монгольских княжнах. Л. Гумилев, который в общем неодобрительно относится к "ассимиляции" и "метисации"[3], признает, что "с мусульманами и русскими монголы охотно вступали в браки, дававшие талантливых потомков".[4]

Но межплеменные браки бывали нередко и в домонгольские времена. Андрей Юрьевич /Боголюбский (1111-1174) был сыном половецкой княжны.

Города Киевской и Владимиро-Суздальской Руси гостеприимно открывались иноземным торговым людям. Новгород и Псков предоставляли шведам, датчанам, немцам самые благоприятные условия для жительства, торговли и промыслов. Когда в XII веке купцы немецких городов образовали ”Ганзейский союз”, его Новгородское отделение (”Ганзейское подворье”) на протяжении почти трех веков оставалось одним из самых значительных опорных узлов европейской международной торговли.

2.1. В Киевской и Владимиро-Суздальской Руси развитие национальной культуры — словесности, зодчества, пластических искусств — определялось прежде всего духовными, религиозными идеалами, было связано с конкретными задачами летописания, богослужения, храмостроительства, обучения и воспитания.

То было время, пожалуй, наиболее согласного и плодотворного сосуществования и даже взаимостановления государства, церкви и национальной культуры.

2.2. Но в те же поры в Новгороде, где и светская и духовная власть меньше вмешивались в жизнь большинства свободных граждан, уровень грамотности был значительно выше, чем в других русских землях, и значительно раньше возникло то, предшествующее национальному, гражданское самосознание — самостояние, которое звучит уже в гордом понятии ”Господин Великий Новгород”. *Главное творческое дело было совершено Новгородом*.[5]

2.3. Г. П. Федотов скорее ощущал, чем сознавал противоречие между государством и нацией в истории России. Вернее воспринимал его как противоречие между бессмертным духом и смертной плотью: ”Плоть России есть государство русское. Государство русское, всегда пугавшее нас своей жестокой тяжестью, ныне не существует”.[6]

Отвечая на вопрос: ”Где лицо России”, — Федотов

22

привел четырнадцать его примет или черт: ''Золотые
колосья ее нив . . . сияющая Новгородская икона,
синие главы Гулических церквей . . . 'Слово о полку',
'Житие протопопа Аввакума' . . . бесчисленные муче-
ники, павшие за свободу от Радищева и декабристов
до безымянных святых марта 1917 года''.

Он называет ''пышный блеск Киева'', дважды
поминает Новгород (кроме иконы, еще и ''волю
Великого Новгорода и его художественный подвиг,
однако ни разу не вспоминает о Московском царстве
и лишь в одном случае обращается к истории государства, говоря о ''гении Петра и нечеловеческом труде
его со всей семьей орлов ХУ111 века''.[7]

3.0. Татарско-монгольское завоевание подчинило российских князей Золотой Орде, превратило их в
сборщиков дани и военачальников Ордынского царя.

Некоторые сторонники ''евразийства'' склонны
видеть в этой жестокой и горестной поре русской
истории едва ли не источники будущего величия Российской державы. Так, например, историк Н. А.
Клепнин,[8] противопоставляя наследие Чингисхана
''наследию Византии и Киева'', утверждал: ''Вхожде-
ние севера Руси в Татарское царство приобщило ее к
мировой истории. Оно открыло Суздалю те горизон-
ты, которых у нас не было''.[9]

Полвека спустя Л. Н. Гумилев, развивая по существу те же евразийские концепции, писал, что ''наивная монголофобия была лозунгом либерально-
буржуазной (модной) историографии''[10] тогда как
''монгольская конница помогла остановить натиск
ливонских рыцарей на Новгород и Псков'', а повол-
жские монголы, безуспешно восстававшие ''против
узурпатора хана Узбека'' в 1312-1315 гг. позднее
''спаслись на Русь и стали ядром Московских ратей,
разгромивших Мамая на Куликовом поле, а затем
остановивших натиск Литвы''.[11]

Гумилев, к сожалению, не указывает источников
этих сведений и не оговаривает, что сражаться против

23

Мамая могли уже только внуки противников Узбека. Однако сама по себе эта концепция "благотворности иноземного завоевания", характерная для мышления некоторых давних и недавних историков, по своему подтверждает противоречивость интересов государств и наций.

Так же, впрочем, как и прямо противоположное суждение П. Я. Чаадаева, который, не будучи "буржуазно либеральным (модным) историографом", видел, однако, в монгольском завоевании Руси "свирепое и унизительное чужеземное владычество, дух которого позднее унаследовала наша национальная власть".[12]

3.1. Князья московские были "главными сборщиками податей для ханов . . . клеветали на своих соперников ханам, как на мятежников, выпрашивали себе для их усмирения татарскую помощь . . . и стали мало по малу всесильными в России".[13]

Первые "великие" Московские князья Юрий Данилович и его брат Иван Данилович Калита — собиратель княжества были верными слугами Ордынского хана доносили ему на непокорных данников и по его поручению жестоко расправлялись с восстававшими против Орды русскими княжествами.

Летописец свидетельствует (1327): "взяша Тферь и Кашин, а прочая грады и волости пусты сотвориша, а людей изсекоша, а иных в полон поведоша" (Увароск. список, л. 221 об.).

Юрий и Иван и преемник Ивана — Симон Гордый так ослабляли своих удельных соперников; за помощь татарской конницы они платили, как полагалось: правом грабежа и полоном — тысячами угнанных в рабство земляков.

3.2. Сергий Радонежский и Дмитрий Донской едва ли не впервые в истории попытались объединить, сочетать в едином стремлении разнородные силы государства — нескольких княжеств — и церкви и народа, уже становившегося нацией.

Но тот же Дмитрий, через два года после Кули-

24

ковской победы, покинул Москву, убегая от ханской мести, предоставив оборону Кремля заезжим литовским родичам... Тысячи москвичей, погибавших от стрел, шашек и пожаров, и тысячи угнанных в рабство, проклинали не только татар, но и своего князя.

3.3 Иван III принял в наследство от Византии двуглавого орла и окончательно сверг иго ослабленной Золотой Орды, — в чем ему помогали крымские и казанские ханы, — и разгромил Новгород. Так были заложены основы Московского царства

Византийские и ордынские влияния на Северную Русь были во многом различны. Православная Византия неизменно противопоставляла себя языческой, а позднее мусульманской Золотой Орде. Но в то же время обеим этим великим державам — евроазиатским империям были присущи и некоторые общие черты, отличавшие их от всех больших и малых государств Западной Европы.

И Византия и Орда так же, как Оттоманская империя и Персидское царство были деспотически централизованными многоплеменными государствами. Их становление, их единство и неделимость определялись не столько экономическими силами или правовыми основами, сколько самодержавной властью императора (хана, султана, шаха). Их самодержавные властители полагали себя земными наместниками высших божественных инстанций, и, опираясь на вооруженные силы, на рабски покорных приближенных, требовали безоговорочной покорности от всех сословий и всех племен.

Никто из самых тиранических и кровожадных королей Франции, Англии, Испании и др. государств Запада не мог претендовать на такую полноту власти, какой обладали и самые кроткие из басилевсов и ордынских ханов-царей. (Их личная кротость только расширяла возможности самоуправных придворных клик — евнухов, темников и т. п.)

4.0 Московские великие князья и цари наследовали именно эти общие элементы византийских и ордын-

25

ских государственно-политических традиций.

4.1. Московское царство уже в первое столетие своего развития стало многонациональным, многоплеменным и неудержимо расширялось.

Великое княжество Московское, начиная от Ивана Калиты, расширялось еще как преимущественно великорусское государство. Расширялось правдами и неправдами, независимо от воли Орды и с ее помощью. Московские князья, приобретая все новые земли, — завоевывая, захватывая, покупая, добывая брачными и дипломатическими сделками все новые уделы и вотчины, — следовали не только неуемной внутренней тяге к стяжанию, но подчиняясь и то отчетливо сознаваемой, то полуосознанной необходимости укреплять оборонительные защитные силы молодой державы.

Когда Иван 111 расправился с Новгородом — богатым, сильным и органически чуждым ему по своей общественной структуре,[14] — который был связан с опасными для Москвы соседями — Литвой и шведами, — то и это еще можно было считать "оборонительным" походом и завоевыванием в пределах однородного этнического-национального пространства.

4.2. Походы Ивана 1У против Казани были еще контрнаступлением: казанские ханы причинили немало бед владениям его отца и деда.

Но уже с завоеванием всего бассейна Волги, с прорывом Ермака за Урал, в наступлениях на Северный Кавказ, на Прибалтику *обороняющееся Великое княжество стало наступающим царством*. И хотя именовалось оно Русью, но в действительности было уже разноплеменным, что, впрочем, отмечалось и в пространным царском титуле.

4.3. Национальное самосознание едва брезжило в умах и душах наиболее просвещенных москвичей.

Для Сергия Радонежского и Дмитрия Донского в Х1Х веке, для Псковского монаха Филофея — автора понятия "Москва — Третий Рим" — в XV-XVI вв. необходимость единства христианской Руси в ее противустоянии и в наступательном сопротивлении иноверным ордам была не только отвлеченным религиозным идеалом, но ощущалась, и сознавалась как живая реальность. Однако царь Иван Грозный видел в своих единоверных подданных прежде всего своих рабов — "сирот государевых", либо непокорных, "воровских людишек", действительных или возможных изменников и мятежников, угрожавших его власти. Приписывая себе мифическую генеалогию — происхождение от Римского императора Августа, назначая своим заместителем при жизни татарского царевича, всерьез помышляя о польской короне и даже об эмиграции в Англию, о браке с Английской королевой, первый истинный самодержец Российский идеологически противопоставлял себя нации — своим подданным, которых он десятками тысяч истреблял в Новгороде, в Пскове, в Москве — везде, куда доставали сабли, кистени, бердыши его опричников и "огненной бой" его стрельцов.

4.4. Закрепощение крестьян, начавшееся уже при Иване Третьем, усиленное Иваном Грозным и юридически завершенное при Алексее Михайловиче, означало полное *бесправие огромного большинства именно великорусских крестьян*. В завоеванных татарских, башкирских, сибирских, ногайских и других землях крепостное право еще долго не прививалось.

Так впервые в Российской истории обнаружилась одна из уродливых закономерностей азиатского великодержавия. При всех исторических условиях, после побед и после поражений, *хуже всего приходится тому народу, чьим именем названа держава*. В многонациональной Российской империи едва ли не хуже всех других народов жили и живут русские крестьяне, русские "тягловые людишки".(Так и в Османской империи, в Персии, в Китае хуже всего было простолюдинам "правящей" нации.)

5.0. Враждебная народу, антинациональная природа Московского царства особенно явственно сказалась в смутное время. Самозванцы и царь Владислав, избранный московскими боярами, непосредственно опирались на иноземное оружие, на польские, запорожские и разноязычные наемные отряды. Но и власть "семибоярщины" и временного царька Василия Шуйского была не менее чужда и враждебна огромному большинству населения России.

В 1613 г., когда государство разбилось вдребезги, народ восстановил его снова, ходил по самодержавного царя за Волгу, несколько лет упрочивал его власть авторитетом и надзором своих земских соборов, а потом с полным доверием, не заручившись никакими гарантиями, "пошел в отставку" (по выражению Хомякова "возвратился к своей земской жизни").[15]

Несколько идеализированная историческая мифология Хомякова и Ивана Аксакова, в данном случае одобренная их оппонентом Владимиром Соловьевым, отразила реальные черты исторической действительности.

5.1. Собор 1613 года призвал на царство "малолетку" Михаила Романова.

Тем самым соборное избрание становилось как бы тождественным Божьей милости ("Глас народа — глас Божий!").

В течение некоторого времени сохранялось известное, хотя и зыбкое единство государства, церкви и той части нации, которая была представлена в Соборах "лутшими" из дворян, торговых и тягловых людей и "царских" крестьян.

Однако уже медный и соляной бунты в Москве, мятеж Степана Разина, охвативший Поволжье, и церковный раскол обнаружили все те же неразрешимые противоречия.

Правда, московским властям удавалось не только подавлять своих мятежников, но удачно использовать мятежи у соседей. Восстание украинского крестьянства и казачества против Польши, расширили пределы московского царства за счет левобережной Украины. Подобно тому, как в предшествующем столетии Иван 1У принял Сибирь в подарок от "воровских" казаков Ермака.

5.2. Однако уже во второй половине XVII века закипела новая смута — мятежи раскольников и украинцев (сын Богдана Хмельницкого и вожаки Запорожья пытались "перекинуться" от Москвы к султану).

Со времен Грозного оборона государства во все растущей мере зависит от иностранцев .... Города цветущие в ХУ-ХУ1 веке, хиреют в ХУ11 ... Закрепощается народ к земле, все население — к службе и тяглу. Грубеет и тяжелеет быт, оплотневает, словно действительно пропитавшийся татарской слепой стихией. Само православие начинает ощущаться, как стояние на Уставе, как быт, как "обрядовое исповедничество.[16]

Эти свидетельства тем более достоверны, что обобщенные суждения Федотова скорее противоположны предлагаемой здесь концепции органически неразрешимых противоречий между государством и нацией. Федотов писал: "Ни государство, ни Церковь на Руси не стояли, — по крайней мере на памяти истории, — как сила чуждая, против народа и его культуры".[17]

Но все его конкретные характеристики и приводимые им конкретные факты русской истории опровергают обобщение.

6.0. Петербургская империя, сменившая Московское царство, уже с первых лет противопоставила огромному большинству нации чуждые заимствованные на западе формы управления, повседневного быта, одежды, повадок, языка...

Старообрядцы считали Петра 1 антихристом. Тысячи крестьян и посадских сжигали себя заживо, чтобы избежать власти антихристова царства.

Но К. Леонтьев, убежденный и страстный сторонник самодержавия, хвалил это время:

До Петра было больше единообразия в социально-бытовой картине нашей, больше сходства в частях; с Петра началось более ясное, резкое расслоение... Явилось то разнообразие, без которого нет полной жизни, нет творчества у народов. Петр утвердил еще более и крепостничество... Деспотизм Петра был прогрессивный и аристократический... Либерализм Екатерины имел решительно тот же характер. Она вела Россию к цвету, к творческому росту. Она усиливала неравенство. Вот в чем главная ее заслуга. Она охраняла крепостное право, распространила даже это право на Малороссию и, с другой стороны, давала льготы дворянам.[18]

Леонтьев — поборник византизма, — считал именно сословное неравенство, которое иногда называл разнообразием, одной из основ могущества и цветения государств, наряду с церковью, соединенной с "родовым и безграничным самодержавием". Этим своим идеалам он подчинял размышления о любых событиях истории и современности.

Федотов, напротив, больше заботился о том, чтобы постичь конкретную историческую истину, чем о защите абстрактных принципов:

Петровская реформа. Церковь ограблена, поругана, лишена главы и независимости. Епископские кафедры раздаются протестанствующим царедворцам, веселым эпикурейцам и блюдолизам. К надругательству над Церковью и бытом прибавьте надругательство над русским языком, который за полстолетия превращается в безобразный жаргон. Опозорена святая Москва . . .пока чухонская деревушка обстраивается немецкими палатами и Церквами неизвестных календарных угодников, политическими аллегориями новой империи.[19]

/При Николае 1/ немецко-бюрократическая по своей природе власть впервые чеканит формулу . . . Православие, самодержавие, и народность.[20]

6.1. "Век девятнадцатый железный" (Блок) — век наибольшего усиления Российского государства. Военный победы 1812-14 гг., "Священный союз" неизменно активная внешняя политика Николая 1 — "жандарма Европы", разгром декабристов и польского восстания, непризнание "июльской монархии" во Франции, подавление венгерской революции, завоевание Кавказа... — все это создавало державе Петербургских императоров репутацию незыблемого величия, несокрушимой крепости.

В 1836 году издана книжица, в которой говорилось: "Глава устроенного общества в каждой стране, в каждом племени есть Государь — и сколь оно велико не было бы, но равняется одному Царю-гражданину . . . Россия вполне благоденствует ныне под сению мудрых законов, утвержденных самодержавной властью — и счастье граждан превосходит все ожидания и надежды, какие только могут льстить народу и благоустроенной стране".[21]

А маркиз Адольф де Кюстин, путешествовавший по России в 1839 году, высокомерный, злой, но умный и проницательный наблюдатель, писал:

Русский деспотизм, носящийся с мечтой о русской супремации в Европе, в интересах самосохранения поддерживает в стране гнет, душащий живые силы нации и пагубно отражающийся даже на ее военных ресурсах . . . Бюрократия — единственная реальная сила в России, ограничивающая фактически даже власть императора. Всемогущество ее находится в тесной связи с тактикой высшей власти: видя лишь соперников в знати и замещающая министерские посты безгласными рабами, она в своем ослеплении предоставила "столоначальникам", не внушающим ей никаких опасений, свободы опутывать своими сетями беззащитную страну.[22]

6.2. Но в те годы, когда торжествовало декоративное, фасадно-парадное величие Николаевской империи и царствовала ее всевластная бюрократия, создавались: *Медный всадник*, *Мертвые души*, *Ревизор*, *Былое и думы*, стихи Баратынского, Лермонтова, Тютчева, первые романы Достоевского, стихи Некрасова, сатиры Салтыкова-Щедрина, пьесы Сухово-Кобылина...

Поэты, писатели, публицисты своими творениями и своими трудными судьбами свидетельствовали о безнадежном отчуждении государства от народа.

Славянофилы — А. Хомяков, И. Киреевский, Константин и Иван Аксаковы и др., — были увлечены мечтой о мессианском призвании России и далеки от каких-либо революционных помыслов. Но тем более мучительно сознавали они разрыв между государством и нацией и хотели преобразовать этот жестокий разрыв в мирное разделение на "государство" и "землю" (т. е. общинную Россию) с тем, чтобы первое воплощало "внешнюю правду законов", а вторая — "внутреннюю, божественную правду" религиозно-нравственного сознания, национальной сущности.

В 1854 году А. Хомяков обращался к родной стране:

> В судах черна неправдой черной
> И игом рабства клеймена;
> Безбожной лести, лжи тлетворной,
> И всякой мерзости полна.
> ...О недостойная избранья,
> Ты избрана! Скорей омой
> Себя слезою покаянья...

Это стихотворение, вдохновленное искренней верой, отразило и непосредственное восприятие и вместе с тем непонимание все того же противоречия — между "неправдой черной" государства и судьбой порабощенного, страдающего народа; противоречие воспринималось Хомяковым как тождество.

6.3. К исходу XlX века мощь Российской империи, казалось, только нарастала. Ее не могли существенно ослабить ни Севастопольское поражение, уравновешенное четверть века спустя победами на Балканах, на Кавказе и в Средней Азии, ни либеральные реформы Александра 11, ни пропаганда народников и бомбы Народной Воли.

Им противостала твердая политика Александра 111, который словно бы усвоил уроки византизма, преподанные российской бюрократии К. Леонтьевым.

Никакое польское восстание, никакая пугачевщина не моут повредить России так, как могла бы ей повредить очень мирная, очень законная демократическая конституция . . . Гармония не есть мирный унисон, а плодотворная, чреватая творчеством, по временам и жестокая борьба . . . Централизация власти спасительна до тех пор, пока почва под этой властью разнообразна. . .

Divide et impera — есть закон природы, а не иезуитизм и вредная низость, как думают очень многие люди . . . Пока есть сословия, пока провинции не сходны, пока претензии не одинаковы, пока пламена религии не уравнены . . . до тех пор власть больше или меньше централизованная есть необходимость.[23]

7.0. В ту пору, когда "Победоносцев над Россией простер совиные крыла" (Блок), враждебная отчужденность государства от всех народов и племен империи, в том числе и от великорусской нации, которая официально считалась "коренной", становилась очевидной для все большего количества людей.

Об этом свидетельствуют мыслители, которых нельзя заподозрить в революционных склонностях и в недостаточном патриотизме.

Леонтьев рассказывал: когда в споре с Иваном Аксаковым, он упомянул о "государственной необходимости" сильной административной власти, добрейший Аксаков гневно воскликнул: "Черт возьми это государство, если оно стесняет и мучает своих граждан! Пусть оно гибнет"![24]

П. В. Струве, став уже убежденным консерватором-монархистом, писал: "Интеллигенция выросла во вражде государству, от которого она была отчуждена идеализацией народа, который был вчерашним рабом, но которого она не знала".[25]

Н. О. Лосский объяснял это исконным свободолюбием русского народа:

В общественной жизни свободолюбие русских выражается в склонности к анархии, в отталкивании от государства . . . Понятно, что именно в России явились видные теоретики анархизма — Михаил Бакунин, князь Крапоткин, граф Лев Толстой. Многие толки старообрядцев и многие русские сектанты ненавидят государство и являются сторонниками анархизма.[26]

Федотов рассматривал то же тройное отчуждение: государство — интеллигенция — народ:

При покорном безмолвии Руси, что заполняет трагическим содержанием Петербургский период? — Борьба Империи с порожденной ею культурой, — еще резче: борьба Империи с революцией. Это борьба отца и сына, — и не трудно узнать фамильные черты: тот же дух системы, "утопии", беспощадная последовательность, "западничество", отрыв от матери-земли.[27]

Тщетными попытками преодолеть это органическое противоречие были "русский стиль Александра 111" и "православная романтика Николая 11".

На целое столетие ... сплошная реакция, прерываемая несколькими годами половинчатых неискренних реформ ... Топтание на месте, торможение, "замораживание" России по выражению Победоносцева. Целое столетие безверия, уныния, страха: предчувствие гибели. Самые тихие "бытовые" годы Николая 1, Александра III, все усилия и весь строй государства ориентированы на оборону от призрака, от тени Банко. Пять виселиц декабристов — "кормчие звезды Николая", пять виселиц первомартовцев освещают дорогу Алексндра III. Русская монархия раскрывает природу своей императорской идеи: "Не царство, а абсолютизм..." Глубокое падение культурного уровня Дворца, спускающегося ниже помещичьего дома средней руки, делает невозможным возрождение национального стиля монархии. Она теряет всякое влияние на русское национальное творчество.[28]

7.1. Своеобразный итог четырехвекового развития Российской империи подвел в 1912 году Фритьоф Нансен, который в последующие годы был самоотверженным деятельным другом неисчислимого множества русских людей и в голодающей России, и на всех становищах бесприютных эмигрантов. Вернувшись из путешествия, после которого он назвал Россию "страной будущего", Нансен издал книгу, насыщенную искренней приязнью и уважением к русскому народу и русской культуре, включающую, однако, и такое наблюдение:

Россия доказала необычайную способность расширяться. Рост ее территории со времен основания Московского государства в 1500 году до наших дней не имеет себе равного в истории мировой, за исключением Британской империи. За все это время русское государство в среднем увеличивалось приблизительно на 128 кв. верст в день или на 46,800 кв. верст в год, что в 7 лет составляло пространство равное по величине королевству Норвегии. И так продолжалось без перерыва.[29]

Перерыв наступил через несколько лет. Но не надолго. Уже в 1939 году "способность расширяться" была возрождена в не меньших масштабах, чем когда-либо раньше.

8.0. В 1914-15 гг. война уже в первые месяцы катастрофически обнажила глубочайшую пропасть между правительством Российской империи и огромным большинством народа. Правительство самоубийственно отделяло и отдаляло себя от всех, кто по своей природе, в силу своих материальных интересов и духовных стремлений мог и хотел быть опорой воюющего государства — от большинства Думы, от промышленных и торговых кругов, от наиболее способных генералов и образованных офицеров.

Уже в эмиграции генерал Верховский говорил: "Разложение армии началось задолго до революции".[30]

6 ноября 1915 г. Великий князь Николай Николаевич сказал царю: "Неужели ты не видишь, что теряешь корону?"[31]

Глава государства и его ближайшее окружение были самогубительно ослеплены фантастическими представлениями о некоем единстве царя и народа. Потому что они отождествляли народ с верноподанными членами "союза Михаила Архангела" — охотнорядскими сидельцами, дворниками, городовыми, "унтерами Пришибеевыми", "будочниками Мымрецовыми" и со "святым старцем" Распутиным.

Добиваясь всенародного единства перед лицом внешнего врага, слуги правительства прибегали к тем же средствам, которыми пользовались в борьбе против внутренних врагов — к погромам. Немецкие погромы в Петербурге и в Москве должны были выражать "народный гнев и патриотический подъем".

Так снова и снова наглядно проявлялась исконная отчужденность государства от нации. Министры, губернаторы и полицмейстеры не отличали народ от черни. И те же хулиганы, которые в 1914-1915 гг. громили немецкое посольство в Петербурге и немецкие магазины в Москве, потом в феврале 1917 г. громили полицейские участки, а в ноябре царские винные склады и позднее лихо подхватывали призыв: "грабь награбленное!"

III. НА РАЗВАЛИНАХ МОНАРХИИ

> Распалась цепь великая,
> Распалась и ударила
> Одним концом по барину, другим
> по мужику.
>
> *Н. Некрасов*

Что же произошло с Российским государством после крушения монархии в марте 1917 года?

1.0. Революция, многажды предсказанная, предвиденная и предчувствованная противниками и сторонниками царской власти, разразилась внезапно, неожиданно для всех.

В октябре 1916 года Милюков говорил на конференции своей партии:

Бесспорно, нас ожидает после войны грозное народное движение. Но именно потому, что оно будет грозно-стихийным, мы должны прилагать все усилия, чтобы вложить в него разум плюс организующее начало . . . Нравственный кредит правительства равен нулю; в последний момент оно, конечно, ухватится за нас, и тогда нашей задачей будет не добивать правительство, что значило бы поддерживать анархию, а влить в него совершенно новое содержание, т. е. прочно обосновать правовой конституционный строй.[1]

Первого ноября 1916 г. он произнес в Думе речь, озаглавленную "Глупость или измена", открыто обвиняя правительство в том, что оно ведет страну к военной, экономической и политической катастрофе. Сам Милюков и некоторые его друзья впоследствии называли эту речь "началом революции".

В декабре 1916 г. на совещании Всероссийского земского союза князь Львов обратился к правым партиям: "Вы — злейшие враги России и престола; вы привели нас к пропасти . . . То, что мы хотели пятнадцать месяцев назад сказать с глаза на глаз вождю русского народа, теперь говорит в один голос вся Россия".[2]

Убийство Распутина было лишь одним звеном в длинной цепи заговоров. Не только многие военачальники генералы Алексеев, Поливанов, Крымов и др., — но и некоторые члены царской семьи и крайне правые монархисты в Думе всерьез помышляли о свержении царя "ради спасения державы и династии". Наиболее продуманный военный переворот, который готовили Гучков и генерал Крымов, был намечен на середину марта 1917 года.[3] Взрыв революции опередил его на две недели.

Н. Бердяев вспоминает, как в январе 1917 г. два социал-демократа спорили о сроках будущей русской революции. Меньшевик полагал, что она произойдет лет через 25, большевик думал, что не раньше чем через 50. "Самодержавная монархия не столько была свергнута, сколько разложилась и сама пала".[4]

1.1. Это правда: царскую власть никто не свергал. Она разложилась, распалась и рухнула.

Конечно, воздействовали на нее и внешние расшатывающие силы: политическая оппозиция (при более разумной власти она могла быть ее поддержкой), стихийно-революционные движения (и в 1914, и в 1915 гг. в Петербурге, в Москве и во многих других городах происходили стихийные забастовки, в сентябре 1915 г. на Пресне строили баррикады, солдаты отказывались стрелять в рабочих) и стихийное пассивное сопротивление большинства народа. К 1917 году число дезертиров достигло по одним данным миллиона двухсот тысяч, а по сведениям военного комиссара Думы генерала Демидова — почти двух с половиной миллионов.[5]

Однако всего губительнее оказалось внутреннее разложение — распутинщина, придворные дрязги, бездарность и фанатичное упрямство царя, истерическая активность царицы.

Двухвековый Левиафан Империи "гнил с головы", как обыкновенная рыба.

В подготовке февральской революции заслуги Николая Второго значительней заслуг Ленина, Троцкого и всех других революционеров.

1.2. Крайние монархисты пытаются объяснить февральскую революцию деятельностью немецких агентов, злокозненных масонов, своекорыстием русских и инородческих, — особенно еврейских, — буржуа, влиявших на думских либералов и демократов из "прогрессивного блока", которые якобы только ослабляли государство и армию.

Такие концепции столь же обоснованны, как и распространявшиеся в Германии до 1945 года объяснения немецкой революции 1918 года "ударом кинжала в спину". Нацистские историки объясняли катастрофическое поражение Германии и стихийный взрыв революции, — которой не хотело огромное большинство социал-демократов и не ожидало крохотное революционное меньшинство, — происками все тех же масонов и евреев, кознями наемников Антанты и агентов русского большевизма.

Немецкая революция была естественным последствием крайнего истощения и перенапряжения всех сил нации, следствием общего кризиса и военного разгрома империи. Но вместе с тем и запоздалым эхом несостоявшейся революции 1848 года и непосредственным откликом на революционные события в России.

Русская революция началась без внешних "взрывателей", задолго до 1917 года. Назревая в течение многих десятилетий, она бурно прорвалась уже в 1905 -1907 годах.

В отличие от немецкой революции, она была не только русской, но еще Российской, т. е. не только социальной, но и многонациональной. Ей предшествовали не только восстание декабристов, крестьянские бунты, пропаганда народников, самоубийственные бомбы народовольцев, рабочее движение в столицах и промышленных городах коренной России, но еще и польские восстания 1831 и 1863 годов, и тридцатилетняя война кавказских горцев, восстание казахов в 1915 году, и сепаратистские национальные движения на Украине, в Грузии, в Армении, и Прибалтике, у всех народов Империи.

1.3. Царь, и те, кому он доверял, кто на него влиял, кто направлял внутреннюю и внешнюю политику государства, не понимали природы — органичности, корневой глубины и все нарастающей энергии враждебных им сил. А те немногие, кто понимал, как Витте, Столыпин, Кривошеин, были бессильны преодолеть косность правительственной машины.

Российская республика возникла импровизированно, сразу на горячей лаве февральских вулканов. Руководили республикой люди несомненно бескорыстные, более разумные и более образованные, чем большинство царских министров. Но они унаследовали от монархии безнадежно проигранную войну, разлагавшуюся армию, — миллионы вооруженных крестьян, которые хотели немедленного мира и немедленного передела земельной собственности, — возбужденные войной национальные окраины, хаотически разоренную экономику, развинченный, расслабленный государственный аппарат.

Ни одно из временных правительств, сменявшихся в России с марта до октября, не могло справиться с этим наследством. Не могло, потому что не хотело кончать войны, не знало, как решать земельный вопрос, не знало, как быть с национальными движениями.

Временные правительства основывались на идеалах патриотизма, свободы и справедливости, на четко определенных представлениях о нравственных и юридических законах. Поэтому они не могли нарушать союзнический долг и заключать сепаратный мир, не могли до созыва всенародного предствительства — Учредительного собрания — отнимать помещичью и монастырскую землю, и решать судьбы народов Империи, выполнять требования самостоятельности или широкой автономии, которые им предъявляли из Финляндии, из Прибалтики, из Белоруссии, из Украины и Закавказья.

И временное правительство Российской демократической республики было свергнуто легко, почти бескровно. Вернее, оно так же бессильно рухнуло, как за восемь месяцев до него последнее правительство монархии.

1.4. А в ноябре 1917 года к власти пришло уже не временное, а постоянное правительство, которое создали большевики.

Они лучше, чем идеалисты-республиканцы понимали, что происходит в России, правильнее оценивали те силы, которые возникли вследствии революции. Большевики были готовы немедленно заключить мир на любых условиях, были готовы на самые радикальные военные и хозяйственные меры, чтобы установить порядок и дисциплину в стране, решались на изменения любых законов и на любое беззаконие, на самые крутые повороты громоздкого государственного корабля.

Их властолюбие, их целеустремленный политический прагматизм не был стеснен никакими "идеалистическими предрассудками" — свободы, справедливости, нравственности, ни даже верностью собственным идеалам.

За два месяца до прихода к власти Ленин закончил книгу "Государство и революция", в которой

40

обстоятельно доказывал необходимость сломать государственный аппарат, созданный враждебными классами, и после победы пролетариата обеспечить отмирание государства. Но, после Октября, он с первых же дней начал властно осваивать доставшийся ему аппарат и всеми средствами укреплять государство.

В отличие от стихийной февральской революции, октябрьский переворот — это именно переворот, а не революция — был заранее продуман, запланирован, умело заговорщически подготовлен.

Большевики были численно значительно слабее эсеров и кадетов. Но они были отлично организованы, по-военному дисциплинированы, умело сосредоточивали на решающих участках силы, направляемые единой волей — гениальным и властным вождем, одержимым фанатичной уверенностью во всемирно-исторической миссии его партии. Его окружали зараженные его верой и энергией преданные помощники, командиры и рядовые сторонники. Среди них были талантливые политики (Троцкий, Бухарин, Чичерин, Шляпников, Пятаков, Рыков и другие), множество опытных организаторов, пропагандистов, бойцов, которые быстро превращались в военачальников. Почти все они — самозабвенно отважные, испытанные революционным подпольем, тюрьмами и каторгой, бескорыстные фанатики — были также, как Ленин, убеждены, что их великая цель оправдывает любые средства, что ради победы и ради удержания власти нельзя останавливаться ни перед жертвами, ни перед жестокостями, нельзя щадить ни врагов, ни друзей, ни себя.

2.0. Падение Временного правительства и успех переворота объяснимы в общем довольно просто. Их причины очевидны для всех, независимо от того, как оценивать — одобрять или осуждать — отдельные события и отдельных участников.

Но серьезные разногласия возникают еще и сегодня у тех историков и литераторов, которые хотят ответить на вопрос: "Как могла большевистская партия, которая еще летом 1917 года была небольшой политической сектой, не только захватить власть, но и удержать ее, вопреки сопротивлению превосходящих сил на протяжении четырехлетней гражданской войны?"

К этому вопросу необходимы дополнительные уточнения.

Как могли большевики удержать и утвердить свою власть после того, как они в 1918 году грубо, произвольно разогнали всенародно избранное Учредительное собрание и рядом утопических декретов — ликвидация торговли, рынков, денежного обращения, введение безденежного товарообмена и продразверстки), — вызвали гнев большинства населения страны и массовые крестьянские восстания?

Ведь тот режим произвола в экономике и политике, — закрытие газет, подавление всех "несоветских" партий, террор ЧК), — который принято называть *военным коммунизмом*, был не столько следствием гражданской войны, сколько ее причиной, вызывая протесты и сопротивление крестьян, рабочих и всех демократических и социалистических партий.[6]

Почему большевистская террористическая власть устояла в 1919 году, когда управляемая ею территория сжалась едва ли не до пределов Московского княжества ХУ века, когда армии Колчака подошли к Волге, войска Деникина взяли Курск и Орел, Юденич подступал к Петрограду, на севере еще держались англичане, а в Москве, в Петрограде и вокруг них были голод, разруха, произвол, вызывавшие массовое недовольство?

Как могло большевистское правление удержаться и окрепнуть вопреки экономической и политической блокаде, продолжавшейся более четырех лет, вопреки прямой деятельной враждебности всех великих держав, которые помогали белым армиям?

2.1. Некоторые зарубежные историки и публицисты как противники, так и бесстрастные или даже сочувствующие исследователи русской революции, склонны видеть во всех ее перипетиях выражение иррациональных противоречивых особенностей *русской души*, исконных свойств русского национального характера, которому, дескать, присущи смирение и буйство, безропотная покорность любой власти, и склонность к мятежам.

Те, кто доказывает, что большевики победили всех противников только потому, что они были самой русской из всех соперничавших и сражавшихся партий, потому что их стратегия и тактика более всего соответствовали русскому национальному характеру, иногда ссылаются на свидетельства и предсказания маркиза де Кюстина:

Этот народ насмешлив, *как раб,* который утешается в неволе, издеваясь над ней втихомолку, суеверен, хвастлив, храбр и ленив, *как солдат,* поэтичен, музыкален и мечтателен, *как пастух* - привычки кочующих племен еще долго будут господствовать у него. . . .

Русские дворяне — те же рабы; цепляясь за свои сословные привилегии, они раболепствуют перед властью, охраняющей их, и ничего не делают для завоевания свободы. Благодаря их пассивности в России создается положение, которое со временем может разрешиться взрывом, гибельным для существующей формы правления . . . Или цивилизованный мир вновь подпадет до истечения пятидести лет варварскому игу /Кюстин имел в виду власть русских царей — наследников всех завоевателей прошлого. — Л.К./, или Россия переживет революцию более ужасную, чем та революция, последствия которой еще ощущаются Западной Европой.[7]

Сторонники таких представлений о России, о "национальной природе" большевизма иногда напоминают, что Леонтьев сочувственно цитировал Карлейля, который в споре с Герценом писал:

Предпочитаю самый царизм или даже великий туркизм чистой анархии, развитой парламентским красноречием, свободой книгопечатания и счетом голосов . . . Россия имеет талант, в котором она первенствует и который дает ей мощь, далеко превышающую другие страны, талант, необходимый всем нациям, всем существам и беспощадно требуемый от них всех, под опасением наказания — талант повиновения, который в других местах вышел из моды.[8]

Одним из наиболее грубо-вульгарных толкований такого рода была гитлеровская мотивировка его "остполитик":

Создание и организация русского государства явилось не результатом государственно-политических способностей славянства в России, а, напротив, только чудесным примером государственно-образующей деятельности германского элемента, действующего внутри неполноценной расы. Так возникли многие могучие империи на земле. Низменные народы, руководимые германскими организаторами и властителями не раз вспухали в мощные государственные образования и продолжали существовать до тех пор, пока сохранялось расовое ядро той расы, которая созидала государство. Россия веками питалась от германского ядра своих высших руководящих сословий. Сегодня его можно полагать почти целиком уничтоженным и   выкорчеванным.[9]

Это писалось в 1923-24 годах и с тех пор многократно переиздавалось. Гитлер далее утверждал, что после уничтожения большевизмом германского "расового ядра" (т. е. династии, аристократии и т. п.), вместо него командовать русскими стали... евреи, которые, однако, "не способны ничего создавать и творить, а только разлагать и разрушать". Поэтому Россия, перестав быть государством, превратилась в географическое понятие, чем и обосновывалась правомерность, даже необходимость, освоения Германской империей огромных, запущенных пространств на востоке.

2.2. Иные темпераментные противники большевизма из старой и новой эмиграции (внешней и "внутренней")   уверяют, что большевизм и советский строй глубоко чужды и русскому народу, и традициям русской истории. Торжество большевистской власти они объясняют сверхъестественной, "метафизической" силой всемирного зла, сосредоточенного в явлении "мирового коммунизма и социализма". Эти чуждые силы завладели Россией, ослабленной тлетворными ядами просветительства, западничества, либерализма, демократизма и кознями всяческих инородцев.

Однако, в то же время русской народ оказался все же достаточно силен и самоотвержен, чтобы ценой неимоверных жертв (называют числа от шестидесяти до ста миллионов) помешать коммунизму завладеть Европой и Америкой; ослабленный сопротивлением русских крестьян и рабочих и русской Церкви, этот враг человечества не мог двигаться дальше и застрял, увяз в пределах СССР, расходуя свои дьявольские силы на коллективизацию, террор (ГУЛаг) и на поддержку своей зарубежной агентуры — коммунистов, социалистов и всех, кого в советской печати называют прогрессивными.

Такие умозаключения обычно обосновываются утверждением, будто главным условием военных побед большевиков, их решающей опорной и ударной силой были, мол, иноземцы и инородцы — латышские стрелки, "интернационалисты" (поляки, венгры, австрийцы, китайцы, служившие в Красной армии) и чекисты, среди которых якобы, преобладали инородцы: поляки, евреи, латыши, грузины; что верховными правителями — создателями "оккупационного режима мирового коммунизма в России" были тоже главным образом инородцы, и сам Ленин "по крови лишь на четверть русский".

Следуя такой, так сказать "генеалогически-нацистской логике, пришлось бы признать, что все российские императоры после "полукровки" Елизаветы Петровны были немцами с чрезвычайно малой "долей русской крови" — у Николая Второго не больше 1 / 128-ой.

Однако иноземцев и "инородцев", сражавшихся против большевиков, — в чехословацком корпусе, польских армиях, эстонских и финских дивизиях, калмыцких и кавказских частях, австро-немецких батальонах Каппеля, не говоря уже о собственно иностранных войсках, — было во много раз больше, чем всех "красных интернационалистов" вместе с латышскими стрелками.

2.3. Русские мыслители, которые были убежденными противниками большевизма, и сопротивлялись ему с первых дней его существования, в годы революции, гражданской войны и позднее, в эмиграции, рассуждали по-иному. Бердяев писал:

Мне глубоко антипатична точка зрения многих эмигрантов, согласно которой большевистская революция сделана какими-то злодейскими силами, чуть ли не кучкой преступников . . . . Ответственны за революцию все, и более всего ответственны реакционные силы старого режима. Я всегда считал революцию в России неизбежной и справедливой . . . Но я давно предвидел, что в революции будет истреблена свобода и что победят в ней экстремистские и враждебные культуре и "духу" элементы . . . Русская революция стояла под знаком рока, как и гитлеровская революция в Германии, она не была делом свободы и . . . еще раз подтвердилась горькость русской судьбы. Несчастье ее было не в том, что она была преждевременной, а в том, что она была запоздалой.[10]

Г. Федотов спрашивал:

Опричнина и большевизм. Откуда эта разрушительная ярость всех исторически обоснованных процессов в русской истории? [11]

И он же признавал:

Русская социал-демократия, несомненно, самая почвенная из русских революционных движений . . . Обе России национальны. Революция самим фактом своей победы и обороны от белой и европейских армий развила в себе мощное национальное чувство, ему нехватает исторической перспективы, но сама революция, ставшая историей, дает эту недостающую традицию.[12]

Н. Лосский тоже говорил о глубоко национальных корнях и национальной природе большевизма:

Когда в России появился предсказанный Жозеф де Местром "Пугачев с университетским образованием", — Ленин, революция вдохновленная им, была в значительной степени "русский бунт, бессмысленный и беспощадный".[13]

Большевистская революция есть яркое подтверждение того, до каких крайностей могут дойти русские люди в своем смелом искании новых форм жизни и безжалостном истреблении ценностей прошлого.[14]

46

2.4. Вопрос о мере участия народа в общественной жизни, о степени ответственности за политические события вызывал разногласия задолго до революции. Консервативный публицист М. О. Меньшиков записал в своем дневнике 7 мая 1902 года, когда он посещал Л. Толстого в Гаспре:

Довольно длинный и оживленный спор — кто виноват в ужасном упадке народной жизни и свободы. Я настаивал на том, что виноват сам народ, что он стихийно — выделяет из себя такое правительство, какое находится в соответствии с его природой, что если бы рабство было несносно, народ бы и не снес его, напротив, народ дает правительству средства для каких хотите насилий. Солдат, которого бьют, произведенный в унтера, сам бьет. Необходимо весь народ призвать к покаянию и внушить, что все виновны.[15]

На это решительно возражали Лев Толстой и его сын Сергей Львович. Л. Толстой говорил:

Мы не знаем народ . . . Он в своей массе совершенно чужд правительству, не знает совсем о его делах, приписывает им не то значение. Он невежествен, темен . . . Все-таки трудно допустить, что виноват народ. Виноваты мы, обеспеченные, виновато правительство.[16]

Если подставить вместо "правительство" — "государство", то взгляды Толстого и сегодня справедливы.

Меньшиков — немолодой (г. р. 1859), опытный, серьезный публицист-социолог — через две недели после спора, пересказанного в дневнике, отправил Толстому письмо:

Мне показалось, что я неправ. Обвиняя народ, и без того как бы обвиненный и постоянно казнимый, я как будто перехожу на сторону сильного. Но я не могу простить народу именно эту способность выдвигать силу и преклоняться перед нею . . . Мне Ваша защита показалась необыкновенно трогательной и взволновала меня — Ваша любовь к народу, который Вы знаете так глубоко.[17]

3.0. Определения и характеристики национальной или антинациональной природы русской революции и большевистской (советской) власти, основанные на вольном или невольном, — привычном, —отождествлении понятий нации и государства, мне представляются неубедительными.

Возвращаясь к исходному тезису (1 — 1.0.) о различиях и во многих случаях прямой противоположности между нациями и государствами, напоминаю, что *развитие административно-политических традиций в государствах, которые складываются десятилетиями и столетиями, конечно же взаимодействует с развитием национальных, духовных, культурных традиций, которые возникают из совершенно иных тысячелетних источников.*

Но в то же время *государственно-политические* традиции *более инертны,* более жестки и несоизмеримо *более однообразны, чем национальные* — духовные и культурные.

В структуре Британского королевства и его парламента еще и в XX веке явственны рудименты первых столетий после "Хартии вольностей" — и следы всех перемен ХУ11-Х1Х веков.

А в национальной, духовной культуре, воплощенной в творчестве Чосера — Елизаветинцев — Шекспира — Мильтона — Свифта — Байрона — Диккенса — Уайльда — Шоу — Голсуорси — Грэма Грина — современного английского театра, кино, телевидения, эстрады — очевидны разительные, принципиально качественные изменения. Хотя в то же время эти явления национальной культуры связаны между собой некой общностью — не постоянной, изменчивой и все же реальной общностью языка, духовных, бытийных и бытовых традиций.

3.1. В истории немецкой культуры такие противоречия еще очевидней. Государственные, административно-политические традиции были различны в разных немецких странах. Традиций "вольных имперских городов" с их патрицианскими бюргерскими самоуправлениями и традиций "вольного рыцарства" не удалось подавить империи Гогенцоллернов; они возрождались в Веймарской республике, и после 12 лет гитлеровщины обновляются в государственной структуре ФРГ. Тогда как традиции самовластных князей, герцогов и Прусского королевства, умевшего сочетать формальную законность с жесткой централизованной властью, модернизировались и даже упрочились за полвека Империи, не были преодолены Веймарской республикой, стали одной из основ нацистской ''Третьей Империи'' и в видоизмененных формах и униформах питают государственную структуру ГДР, уступая лишь тем новым, но тоже государственным традициям, которые в эту структуру вносит советская оккупация.

Много ли общего у двуликой, монотонной политической истории немецких государств с безграничным разнообразием значительно более долгого — тысячелетнего — развития национальной культуры?

В словесности это развитие от древнейших сказаний и песен, от поэзии Миннезингеров и Майстерзингеров до Лютера, Лессинга, Гете, Шиллера, Гейне, Томаса Манна, Брехта, Белля, Грасса, Ленца; в философии от Николая Кузанского до Лейбница, Канта, Гегеля, Шеллинга, Шопенгауэра, Фейербаха, Маркса-Энгельса, Ницше, Хайдеггера, Ясперса, Адорно, Блоха.

При всей разнородности и даже взаимной вражебности художественных направлений и философских школ можно обнаружить и некие общие черты и приметы взаимодействия, взаимовлияния.

Но совершенно несравнимы, несоизмеримы и разительно противоречивы закономерности развития культуры и государственности, хотя некоторые мыслители изучали теорию государства и права, хотя некоторые литераторы славили своих королей и герцогов.

Однако та апология прусского государства, которую создал Гегель, приближает его мысли, его значение в истории немецкой и мировой культуры к судьбе королевства Гогенцоллернов не больше, чем националистические стихи камер-юнкера Пушкина или корнета Лермонтова приближают их к самодержавию Романовых.

Противоречие между духовной историей и политической сознавал уже Гете. Но так как он иногда отождествлял понятие нации и государства, — различая понятия нация и народ, — он писал: "Напрасно стараетесь, немцы, вы нацией стать. Станьте людьми — это уже достаточно много".

Сравнительная история множества разнокалиберных итальянских государств — герцогств, княжеств и республик, — вероятно позволит обнаружить и существенные общие черты их государственно политических традиций. Но все такие признаки родственности, так же как и все явственные различия между ними, несоизмеримо противуположны духовным традициям итальянской национальной культуры во всех ее беспредельно разнообразных проявлениях и воплощениях, в творчестве философской (богословской) и естественно-научной мысли, в словесности и в пластических искусствах, в фольклоре, музыке, театре.

(Следует помнить, что широкое употребление слова-понятия *нация* началось в пору Французской революции. Для французских республиканцев это слово означало единство равноправных сограждан, уничтоживших сословные различия и привилегии. В 1793 году солдаты Французской революции шли в бой с кличем "Да здравствует нация", — и это было равнозначно призывам: "Долой аристократов, долой монархию". Именно поэтому Павел 1 специальным указом запретил в России употреблять слово "нация", наряду с такими вредными словами, как "республика", "демократия", "конституция", "гражданские права". Позднее немецкие, и русские, и английские романтики приняли понятие "нация", отождествляя его с понятием национальное государство. Это и имел в виду Гете, отказывая немцам в возможности стать нацией.

А сегодня такое тождество вызывает споры историков русской революции.)

3.2. В русской истории лишь внешне переменные, а по сути жестоко однообразные традиции ведут от царства к империи и от империи к Союзу республик. Леонтьев утверждал: "Государственная форма у каждой нации, у каждого общества своя, она в главной основе неизменна, до гроба исторического, но меняются быстрее или медленнее частности от начала до конца".[18]

Во всех изменениях государственных форм России, от них почти независимы, чаще всего им противоположны традиции национального духа и национальной культуры.

3.3. Развитие русской словесности от "Слова о полку..." и "Задонщины" до Аввакума, а потом до Тредиаковского, Сумарокова, Ломоносова, Державина и далее к Пушкину и Тютчеву обнаруживает такие особенности — такие разнообразные духовные и эстетические изменения, которые никак не связаны с изменениями государственных сущностей и форм. Это два мира, сопричастных в хронотопе, но никак несоизмеримых.

Необычайно многообразное и животворно противоречивое развитие мысли от Радищева до Чаадаева и от "любомудров" и славянофилов до Бердяева, Федотова связывать с процессами видоизменения русской государственности от Екатерины 11 до Николая 11 мог бы только безнадежно вульгарный социолог.

За тридцать лет царствования Николая I-го мало что изменилось в монотонной структуре и еще меньше в содержании государственного строя. Но в литературе от Карамзина - Грибоедова - Пушкина до Тургенева, до первых книг Достоевского и Толстого происходили глубочайшие перемены, возникали и росли существенно новые силы.

За полвека от падения Севастополя до Цусимы государственный строй, —при всей значительности либеральных реформ Александра II и ретроградных откатов Александра III и Николая II, —изменялся по существу мало, однообразно и почти бесплодно.

Тогда как в литературе от Фета и Некрасова до символистов, Блока, Анненского, от Гончарова и Тургенева до Чехова, Бунина, Горького, в философии от Герцена, Добролюбова, Чернышевского до "Вех", в музыке от Глинки до Рахманинова, Скрябина, в живописи от Иванова и первых передвижников до Серова и "Мира Искусств", словом во всех областях национальной культуры явственны процессы развития, чрезвычайно разнообразного и плодотворного в самых противоречивых видоизменениях.

Советский государственно-общественный порядок с 1921-22 гг. (с окончания гражданской войны) и до 1930-31 гг. ("великий перелом") был устойчиво неизменен, тяготел к единообразию. Но в те же годы Ахматова, Маяковский, Цветаева, Мандельштам, Пастернак, Платонов, Есенин, Белый, Клюев, Зощенко, Булгаков, Всеволод Иванов, Шолохов и многие другие поэты, прозаики, драматурги, режиссеры, живописцы, скульпторы, артисты — разные, часто непримиримо противоположные друг другу по мироощущению, по художественным вкусам создавали новые сокровища русского слова, русского искусства... И тогда еще почти неизвестные мыслители Флоренский, Бахтин, Вернадский работали над произведениями, которые позднее обогатили и русскую и мировую культуру.

В последующие десятилетия сталинское государство — еще и после смерти Сталина — вторгалось во все области духовной и культурной жизни. Чиновники навязывали писателям, художникам, композиторам, режиссерам не только жесткие идеологические "установки", но и эстетические нормы — каноны "соцреализма". Казенным идеологам и законодателям вкуса нередко удавалось — кого запугать, кого убедить, а кого и соблазнить великолепием казенного признания и прославления — тиражами, званиями, премиями, орденами и т. п.

Но вопреки всему этому и в самые страшные беспросветные времена творили поэты "хорошие и разные" — Анна Ахматова, Борис Пастернак, Александр Твардовский, Арсений Тарковский, Николай Заболоцкий, Давид Самойлов, Ольга Берггольц, Борис Слуцкий...

И как зеленые ростки сквозь асфальт пробивались все новые силы слова — проза Виктора Некрасова, Василия Шукшина, Василия Аксенова, Александра Солженицына, Андрея Битова, Фазиля Искандера, Валентина Распутина, Василия Белова, Георгия Владимова, Владимира Войновича, Владимира Максимова, Владимира Корнилова, Варлама Шаламова, Вениамина Ерофеева, Юрия Трифонова, поэзия Беллы Ахмадулиной, Иосифа Бродского, Олега Чухонцева, Владимира Высоцкого, Булата Окуджавы, Инны Лиснянской, Семена Липкина, музыка Шостаковича, Прокофьева, Шнитке, Денсова...

Можно называть еще много имен. Однако и этих немногих достаточно, чтобы представить, насколько художественное творчество и все виды русской национальной культуры по самой сути своей чужеродны любым формам государства, любым вариантам государственной идеологии и любым государственным претензиям на "руководство культурой"...

Наивное неумение или корыстное нежелание понять эту органическую чужеродность приводят иногда и настоящих художников к трагическому вырождению, к безвыходным кризисам, которые не уравновесить никакими казенными триумфами.

IV. ВОССТАНОВЛЕНИЕ "ЕДИНОЙ И НЕДЕЛИМОЙ"

...под стягом единым
Вновь сомкнут древний простор!
...Нити длинные, свивавшиеся
От Ивана Калиты
В тьме столетий затерявшиеся
Были в узел завиты.

В. Брюсов

...такая потребность лежать
То пред тем, то пред этим на брюхе
На вчерашнем основана духе.

А. К. Толстой

1.0. Сознавая принципиальные, существенные различия и противоречия между историей Российского государства и судьбами управляемых им наций, — в том числе и той, которая дала ему имя, — можно попытаться объяснить тайну большевистской победы в 1917-1921 гг. и некоторые закономерности развития советского государства в последующие десятилетия.

Революция, назревавшая на протяжении всего X1X века, взорвавшаяся в 1905 и 1917 годах, была органически неизбежной русской революцией. Иными словами, это была социальная революция русских крестьян, рабочих, солдат, матросов и всех русских людей, мечтавших о свободе, о справедливом общественном строе, и в то же время   еще и национальная и национально-социальная революция народов, составлявших более половины населения Империи(в 1917 году великороссов числилось 43%) .

Большинство великорусских крестьян, так же как и большинство солдат и матросов, еще и в октябре шли за эсерами. К эсерам и меньшевикам тянулась значительная часть демократической интеллигенции. Большинство великорусских рабочих в основных промышленных городах и областях страны еще и после октября 1917 года поддерживало меньшевиков и эсеров. Русскую интеллигенцию представляли главным образом кадеты, но также и эсеры и меньшевики. Национально-освободительными движениями с первых дней руководили преимущественно демократические и социалистические партии: на Украине — народные социалисты, эсеры-боротьбисты, анархисты, в Польше — социалисты, в Грузии и в Прибалтике — социал-демократы, в Армении — социал-революционеры (дашнаки) и т. д.

Большевики пришли к власти, опираясь на Петроградскую и Московскую красную гвардию, то есть, активное вооруженное меньшинство столичных рабочих, на боевые отряды моряков Балтийского флота и отдельные части гарнизонов. Большевистское вооруженное меньшинство было организованным, динамичным и целеустремленно овладевало государственной машиной, которая всегда управляется меньшинством.

Ленин решительно отбросил свои же утопические теории "слома и отмирания государства". В лекции о государстве, прочитанной в Свердловском университете, Ленин многократно, с большей чем обычно у него монотонностью повторял определение государства, как "машины угнетения одного класса другим". Но, заключая эту лекцию, он говорил, не затрудняя себя логическим согласованием в пределах одного абзаца: ''Ту машину, которая называлась государством, перед которой люди останавливаются с суеверным почтением . . . Пролетариат эту машину отбрасывает и говорит: 'Это буржуазная ложь'. Мы эту машину отняли у капиталистов /Значит, все же не отбросили, а отняли. — Л. К./, взяли себе. Этой машиной или дубиной мы разгромим всякую эксплуатацию".[1] И только после того, когда исчезнет "всякая эксплуатация, даже возможности различия между пресыщенными и голодными", только тогда он обещал "сдать машину на слом".

1.1. Рубежным эпизодом, обнажившим действительную сущность большевистского овладения государственной машиной, можно считать разгон Учредительного собрания в январе 1918 года.

После этого четко определился, так сказать, *треугольник сил.*

Всероссийская революция образует как бы самый широкий и многообразно расщепленный угол, вмещающий разнородные социальные силы, — русское крестьянство, русских рабочих, солдат, эсеров, анархистов, меньшевиков, а также национально-освободительные силы — украинские, польские, белорусские, грузинские, армянские, казачьи-сепаратистские и др.

Контрреволюция реставраторская, образует более узкий, но тоже расщепленный "угол": белые армии, действовавшие без единого командования, без общей программы и общей стратегии, хорошо вооруженные войска, но руководимые соперничавшими генералами и политиками, которые "ничего не забыли и ничему не научились", их поддерживали иностранные союзники, разъединяемые своекорыстными интересами.

А третий, — по началу самый малый, но и самый острый угол, — *контрреволюция большевистская,* государство Ленина и Троцкого, единое и централизованное, управляющее армиями послушных фанатизированных бойцов, армиями чекистов и армиями агитаторов-пропагандистов...

В отличие от своих "белых" соперников-конкурентов, большевики обладали единой стратегией, единой программой, единой командной волей, и в то же время, подавляя революционные силы оружием и террором, не менее жестоко, чем белые, они еще и разлагали их умелой пропагандой, перетягивали к себе их сторонников.

1.2. Большевики отнюдь не условно, не символически, а вполне реально завладели государственной машиной Российской империи. К 20 июля 1918 года в Красную армию было зачислено 45,764 генералов и офицеров царской армии; к концу 1919 года в кадрах

Красной армии числились 35,502 *бывших* царских офицеров и генералов, 3441 военных чиновников и 158,505 бывших прапорщиков, вахмистров и унтер-офицеров. Эти числа значительно выросли в 1920 году, когда началась война с Польшей, когда генерал Брусилов вдвоем с Троцким подписал воззвание "Вор в доме", а затем, вместес генерелами Зайончков-ским, Лембовским, Гутором и др., обратился с призывом "Ко всем бывшим офицерам". В декабре 1921 года , уже после демобилизации, 33.7% командного состава Красной армии составляли бывшие царские офицеры и генералы.[2]

Таким образом, даже в самые трудные для советского государства годы, количество служивших ему старых генералов и офицеров было значительно больше, чем во всех белых армиях вместе.

Но в то же время большевики умели обращать себе в помощь и революционные, по существу анти-коммунистические, силы. Войска Махно били гетманцев и немцев, громили тылы Деникина, участвовали в штурме Перекопа. Партизанские отряды в Сибири, на Украине и на Кавказе успешнее всего сражались против белых, которые сулили им возвращение "старого прижима" и нередко вступали в соглашение с представителями советской власти и Красной армии, которая как-никак называлась "рабоче-крестьянской".

Все они рано или поздно попадали в мясорубку "борьбы с партизанщиной". Красный террор был направлен столько же против белой контрреволюции, сколько и против многоликой русской революции — против нарушителей новой государственной дисциплины (ее, правда, называли "революционной"), против всех, кто был или мог стать опасен для власти большевиков.

1921 год. *Кронштадт и Тамбов.* Восстание матросов, которыми руководили эсеры, анархисты и мятежные большевики и восстание крестьян во главе с эсером Антоновым — *последние явления в многоактной трагедии Русской революции.*

2.0. Одним из мощных субъективно исторических двигателей большевистской контрреволюции
была уверенность вождей и огромного большинства
рядовых в том, что именно они вершат настоящую
пролетарскую революцию, что именно они-то и суть
правоверные марксисты и праведные коммунисты-
-социалисты.

Поэтому они верили так же истово, что кто не
с ними, тот против них, кто не признает их праведности, не подчинятеся их воле, тот — "социал-преда-
тель", "анархо-бандит", мелкобуржуазный, кулацкий
или "деклассированный" пособник белогвардейщины
и мировой буржуазии, "бело-поляк", "бело-финн"
и т. п.

Сбылось предсказание Плеханова:

Несвоевременно захватив политическую власть, русский пролетариат не совершит социальной революции, а только вызовет
гражданскую войну, которая, в конце концов, заставит его от-
ступить далеко назад от позиций, завоеванных в феврале и
марте нынешнего 1917 года.[3]

Движение "назад от февраля и марта" стало неу-
держимым. Власть, захваченная якобы пролетариатом,
оказалась в руках одной партии, позднее только малой верхушечной части партии и в течение доброй
четверти века была единоличным сталинским самодержавием. Это государство отступало все дальше назад: в 1930 году, — уже и от февраля 1861 года, —
вновь закрепостив крестьян, — а позднее и от Указов
1762 года, которые хотя бы дворян освобождали от
бессудных расправ и телесных наказаний.

В 1936-39 гг. Россия возвращается прямиком к
обычаям и нравам опричнины Ивана Грозного и Ма-
люты Скуратова.

Противники таких исторических аналогий иногда
возражают: "А почему не поминать жестоких власти-
телей других стран?" Конечно, Людовик X1 или Генрих У111 и Мария Кровавая были никак не мягче

Ивана Грозного. Однако ни якобинцы, ни самые радикальные из современных политиков, ни Лаваль-Дорио, ни Торез-Дюкло не объявляли ''прогрессивными'', не возвеличивали коронованных палачей. Тогда как у нас Ивана Грозного прославляли и в научных трудах, и в беллетристике, в театре и в кино так, как раньше не бывало ни при ком из царей. Александра Федоровна только в личных письмах решалась призывать Николая 11 следовать примеру Грозного.

2.1. Вера и самоуверенность большевиков были не всегда бесплодно губительны. Именно потому что их многообразно противоречивые взаимоотношения с действительно революционными силами народа не ограничивались расправами, дух и события тех ''страшных лет России'', могли и оплодотворять национальное культурное творчество.

Бунин в ''Окаянных днях'', Горький в ''Несвоевременных мыслях'' и Эренбург в ''Молитве о России'' оказались неправы, предсказывая гибель русской культуры, полное опустошение России.

Поэзия Блока, Маяковского, Есенина, Твардовского, проза Всеволода Иванова, Пильняка, Зощенко, Леонова, Бабеля, Платонова развивались не только вопреки советской цензуре, большевистскому идеологическому насилию, но в иных случаях и под влиянием большевистской веры в новую миссию России, в ее социалистическое мессианство.

2.2. Уже с первых дней после захвата власти, большевики начали укреплять государство, решительно подавляя все демократические свободы и гражданские права.

Они подписали ''похабный'' мирный договор в Бресте, зная, что не будут его соблюдать. Мир был им необходим, чтобы удержать власть. Они руководствовались теми же соображениями, которые двумя-тремя годами раньше побуждали стремиться к сепаратному миру крайне правых монархистов.

По мере того, как укреплялась власть, называвшая себя советской, хотя уже с первых дней от советов ничего не зависело (неизмеримо больше значили Советы до ноября 1917 года) — новое правительство все настойчивее собирало воедино отпавшие части империи.

Гражданская война была по сути войной именно *за собирание-восстановление Российской державы.*

Максимиллиан Волошин писал в ноябре 1917 года гневно и отчаянно:

> С Россией кончено... На последях
> Ее мы прогалдели, проболтали,
> Пролузгали, пропили, проплевали,
> Замыгали на грязных площадях,
> Распродали на улицах...

Но четыре года спустя, в поэтическом очерке русской истории он утверждал: "Великий Петр был первый большевик" и так заключал фрагмент неоконченной поэмы "Россия":

> Мы не вольны в наследии отцов
> И вопреки бичам идеологии
> Колеса вязнут в старой колее.
> ...Москва сшивает снова лоскуты
> Удельных царств, чтоб утвердить единство.
> Истории потребен сгусток воль,
> Партийность и программы — безразличны.

Троцкий вспоминал: "Московский период стал вторично в русской истории периодом собирания государства и создания органов управления".[4]

Он и раньше уже сознавал это, хотя так же, как многие не отделял государства от нации. В книге "Литература и революция" (1923) он писал: "В динамике национальное совпадает с классовым . . . Октябрьская революция глубоко национальна".[1]

М. Агурский справедливо замечает, что "большевизм для Троцкого национальней монархизма . . . Буденный национальней Врангеля", и связывает это с тем, как Троцкий "развивает идею Иванова-Разумника о Петре 1 как русском государственном деятеле, предвосхитившим некоторые стороны большевизма".[5]

Ленин строго наставлял недостаточно поворотливых сотрудников:

Да что вы, батенька, в Смольном, что ли?.. Мы уж не в Смольном, мы вперед ушли.[6]

Когда стали придумывать герб для РСФСР, то первоначально предлагали двуглавого орла, украшенного серпом и молотом.[7]

Ленин, Троцкий, все командующие фронтами и армиями, председатель ЧК Дзержинский, и "Наркомнац" Сталин целеустремленно решали именно эту задачу. Уже 4 апреля 1918 года Сталин телеграфировал председателю ЦИК Украины Затонскому: "Вы уже достаточно поиграли в правительство и республику, хватит этого, пора прекратить"[8] (За год до этого, в апреле 1917 года, полемизируя против эсеровской газеты "Дело народа", предлагавшей создать федеральное российское государство, Сталин писал: "Неразумно добиваться для России Федерации, самой жизнью обреченной на исчезновение".[9]

V. ПОБЕЖДЕННЫЙ ПОБЕДИТЕЛЬ

> Как Христофор Коломб он нашел не то, что искал: как Христофор Коломб, он возбудил надежды неисполнимые; как Христофор Коломб он дал новое направление деятельности человека.
>
> В. Ф. Одоевский о Шеллинге
> *(Русские ночи)*

1.0. Чешский историк Франтишек Силницкий доказывает, что большевики уже изначально, с момента возникновения партии в первое десятилетие века, были имперской политической силой. Весьма убедительными аргументами служат ему примеры того, как Ленин полемизировал с польскими социалистами, бундовцами, кавказскими меньшевиками, украинскими народными социалистами, латышскими социал-демократами, со всеми сторонниками принципа "культурно-национальной автономии".[1]

В декабре 1913 года Ленин писал:

Пролетариат . . . не только не берется отстоять национальное развитие каждой нации, а, напротив, предостерегает массы от таких иллюзий, отстаивает самую полную свободу капиталистического оборота, приветствует связную ассимиляцию наций, за исключением насильственной или опирающейся на привилегии . . . поддерживает все, помогающее стиранию национальных различий, падению национальных перегородок . . . пока и поскольку разные нации составляют единое государство, марксисты ни в коем случае не будут проповедовать ни федеративного принципа, ни децентрализации. Централизованное крупное государство есть громадный исторический шаг вперед от средневековой раздробленности к будущему социалистическому единству всего мира, и иначе чем через такое государство нет и быть не может пути к социализму.[2]

Силницкий прав в том, что эти ленинские представления о пролетарской национальной политике естественно совпали с великодержавными интересами российского государства и что именно это обстоятельство облегчило большевикам приход к власти после крушения монархии. Ленин писал цитированные выше "Критические заметки по национальному вопросу", предвкушая это крушение, хотя и не ожидал, что оно наступит так скоро.

Однако Силницкий, по-моему, все же недооценивает меру субъективной искренности Ленина, когда тот отстаивал принципы интернационализма, равенство наций, когда высказывал отвращение к великодержавному шовинизму.

Ленин был русским интеллигентом и, не кривя душой, гневно обличал великодержавников, в том числе и "обрусевших инородцев", таких, как Дзержинский, добивавшийся присоединения Польши к советской России, и как Сталин и Орджоникидзе, которые жестоко расправлялись не только с грузинскими меньшевиками, но со своими бывшими товарищами, — "национал-уклонистами".

Силницкий не первый, кто увидел объективно великодержавную сущность стратегии и тактики субъективного интернационалиста Ленина. Впрочем, Ленин сам говорил, что после Октября "мы стали оборонцами . . . стоим за защиту Отечества". И в мае 1918 года с болью сетовал, что "от России ничего кроме Великороссии, не оставалось".

Уже ранней весной 1918 года, когда в партии шли споры о Брестском мире, он же, добиваясь укрепления центральной власти, говорил: "Интересы социализма выше, чем интересы и права наций на самоопределение".[3] Бухарин тогда возражал ему: "Ошибка тов. Ленина в том, что . . . . он смотрит с точки зрения России, а не с точки зрения международной".[4]

Два года спустя, во время второго конгресса Коминтерна, немецкие коммунисты-оппозиционеры жаловались, что "Кремль хочет запрячь мировой коммунизм в упряжку русского национализма".[5]

1.1. Луис Фишер — внимательный, беспристрастный и добросовестный исследователь истории советской России и жизни Ленина, пришел к выводу: "Москва правила Коминтерном. Первый конгресс его в 1919 году был почти русским предприятием . . . Москва заправляла всеми конгрессами Интернационала . . . /который/ позволял советскому правительству чувствовать себя проводником мессианской идеи, освящая самые гнусные преступления . . . Впоследствии на смену Коминтерну пришла Империя".[6]

Фишеру можно возразить, что Империя, собственно, никуда не "уходила", а только временно ослабела, меняла правителей, видоизменяла стратегию, и Коминтерн лет на двадцать стал ее орудием и "забралом". В 1939-45 гг. Империя отстранила "забрало".

Во внешней политике это выразилось в договоре

с Гитлером, в разделе Польши, в захвате Прибалтики, Буковины, Закарпатья, в агрессивных претензиях в Манчжурии, в Иране, на Ближнем Востоке, в угрозах Югославии и "мирном освоении" восточно-европейских государств. А внутри страны в геноцидных расправах с целыми народностями (изгнание немцев Поволжья, калмыков, чеченцев, ингушей, крымских татар и греков, балкарцев, месхов).

Все это были откровенные выражения того великодержавия, которое уже при Ленине проявилось в походах на Варшаву и на Львов, в окончательном завоевании Бухары и Хивы, в последовательном, целеустремленном подчинении Монголии и в первых внешнеполитических союзах не с "презренными" демократиями, а с диктаторами Амманулой Ханом и Кемаль Пашой.

В сентябре 1921 года Ленин писал Иоффе, посланному в Туркестан, чтобы провести советизацию всех среднеазиатских владений Империи: "Дьявольски важно завоевать доверие туземцев ... (Для всей нашей Вельтполитик), трижды завоевать, четырежды; доказать, что мы не империалисты ... Это мировой вопрос, без преувеличений мировой ... Это скажется на Индии, на Востоке, тут шутить нельзя, тут надо быть тысячу раз осторожным".[7]

Ленин полагал, что его "Вельтполитик" — интернационалистская, коммунистическая. Но трезвые зарубежные политики уже тогда знали, что она имперская, великодержавная.

Фишер свидетельствует: "Керзон и Черчилль считали Ленина ... красным воплощением Романовых, комиссаром, севшим на царский трон, царем без короны, зато с очень опасными идеями".[8]

1.2. Однако ни Ленин, ни Троцкий, ни Бухарин, никто из их ближайших товарищей субъективно не были империалистами. В октябре 1917 года и в годы гражданской войны они верили, что русская революция — начало мировой социалистической революции, что укрепление большевистского государства в пределах

Российской Империи означает создание мощного очага коммунистических идей, излучаемых на все континенты. Они видели себя первопроходцами, прокладывающими пути к новому общественному строю, который осчастливит все человечество.

Но эта вера, эти представления становились источниками гордой самоуверенности и нового патриотизма, и нового национализма, рождали уверенность, что необходимо возможно больше расширять, укреплять, вооружать и централизованно дисциплинировать первое государство пролетарской диктатуры — "отечество всех трудящихся".

Такие субъективно утопические верования и убеждения по мере того, как сплавлялись воедино власть партии и власть государства, все больше совпадали с объективными историческими закономерностями развития Российской Империи, с глубокими корнями и традициями ее внешней и внутренней великодержавной политики.

2.0. В 1918 году Ленин призывал: "Учиться государственному капитализму у немцев, всеми силами перенимать его, не жалеть диктаторских приемов для того, чтобы ускорить это перенимание западничества Русью, не останавливаясь перед варварскими средствами борьбы против варварства". Тогда же он набросал формулу: "Сов. власть + прусский порядок железных дорог + американская техника и организация трестов + американское народное образование = социализму".9

Ленин добивался восстановления и укрепления единого централизованного Российского государства, убежденный, что это приведет не только Россию, но вслед за нею и весь мир, во всяком случае много стран, к торжеству совершенного коммунистического общественного строя.

Ради этого он жил и работал — истово, яростно, не жалея ни себя, ни других; ради этого приказывал грабить крестьян, арестовывать и расстреливать не только давних врагов, но и просто заложников, отобранных "по классовым признакам", и вчерашних товарищей, и всю царскую семью.

Беспощадно суровые распоряжения он отдавал не в приступах слепого гнева, не увлеченный внезапным страстным порывом, но ясно сознавая и причины и возможные следствия, обдуманно, уверенно. Террор он полагал необходимым, неизбежным.

Научное понятие диктатуры означает не что иное, как ничем не ограниченную, никакими законами, никакими абсолютно правилами не стесненную, непосредственно на насилие опирающуюся власть.[10]

Уже в мае 1922 года — т. е. после окончания гражданской войны, он писал наркомюсту Курскому: "Суд не должен устранить террор; обещать это было бы самообманом или обманом, а обосновать и узаконить его".[11]

2.1. Ленин считал себя наиболее последовательным из учеников Маркса и Энгельса, наиболее законным преемником русских революционеров: Радищева, декабристов, Герцена, Чернышевского, народовольцев и наиболее проницательным, "научным" провозвестником мировой пролетарской социалистической революции.

Придя к власти, он начал было безоглядно дерзкие коммунистические эксперименты в экономике. Догматически веруя в то, что "общественное бытие определяет сознание", и "материальный базис" определяет все "надстройки", он, тем не менее, рассудку (марксистскому) вопреки, и наперекор стихиям (истории), попытался декретами осуществить в России бесклассовую коммунистическую экономику (см. выше, стр. 42). Но фанатичный догматик и доктринер, он вместе с тем, бывал нередко чутким, прозорливым прагматиком и азартным политическим игроком. Ради немедленных политических, военных и хозяйственных завоеваний он пренебрегал, безоглядно, жертвовал любыми доктринами и теориями.

Так Ленин оказался *Колумбом навыворот*. Колумб, уверенный, что прокладывает новый путь в старую Азию, открыл неведомый Новый Свет; Ленин, уверенный, что прокладывает путь к Новому Свету всемирного блага, привел Россию к старому азиатскому деспотизму.

2.2. Многие противники Сталина, обличители "культа личности и его последствий", уверяют, что узурпатор Сталин чудовищно грубо исказил теоретическое и политическое наследство Ленина, и потому стал уничтожать всех настоящих ленинцев.

Сталин действительно был злейшим и хитрейшим врагом Ленина, в последние годы его жизни стал его тюремщиком, действительно истреблял его догматически верных учеников и грубо фальсифицировал всю историю партии и революции... Все так, но тем не менее в развитии того большевистского великодержавия, которое воскресило старую Российскую империю, снабдило ее новым идеологическим оружием и расширило ее пределы, Сталин, в отличие от всех *догматически* последовательных ленинцев, оказался единственным подлинным наследником и преемником Ленина.

2.3. К 1923 году восстановление — новое собирание империи было в основном закончено. Именно к этому времени и генсек Сталин уже приобрел настолько непомерную власть, что она испугала умирающего Ленина (см. "Завещание").

В Закавказье, на Дальнем Востоке и в Средней Азии были сохранены старые границы. На Западе пришлось временно примириться с потерями.

Народы Финляндии, Прибалтики и Польши не захотели присоединиться к социалистическому отечеству. Все попытки советизировать эти малые страны оказались безуспешными. Хотя великие державы Запада помогали им куда менее щедро и интенсивно, чем Деникину и Колчаку. Наступления красных армий извне и внутренние заговоры местных коммунистов разбились об упорное сопротивление всех крестьян, большинства рабочих и интеллигентов и разумеется всех буржуазных и "средних" слоев. Красная армия разгромила польские войска на Украине и в Белоруссии, но в Польше потерпела тяжелые поражения. Латышские стрелки с неизменным успехом сражались за Советскую Россию, но не выиграли ни одного боя за Советскую Латвию.

Крушение Баварской и Венгерской республик и поражение Красной армии в бывших западных губерниях — национальных окраинах Российской империи стали первыми и решающими поражениями той утопической мировой революции, в которую продолжали упрямо верить Ленин, Троцкий, Бухарин, Преображенский, Зиновьев, Джон Рид, Бела Кун, Грамши и другие руководители коммунистических и лево-социалистических партий.

Ослепляющая самоубийственная вера доктринетов Коминтерна привела еще к нескольким кровавым поражениям — в Германии в 1921 и в 1923 гг., в Китае в 1927 году.

Ленин, видимо, до конца жизни не хотел примириться с мыслью, что подавляющее большинство и восточных, и западно-европейских рабочих, вопреки всем предсказаниям "Коммунистического манифеста", и вопреки самым убедительным аргументам большевистских руководителей Коминтерна, не хотят следовать примеру русского пролетариата, каким его представляли большевики.

Фишер так объясняет эту слепоту обычно зоркого политического вождя: "Ленин был пленником русской истории, никогда не знавшей постепенности, знавшей только реформы сверху или революции снизу".[12] Он верил, что:

...революцию можно экспортировать на остриях штыков . . . его иллюзии . . . порождались пренебрежением к национальным различиям.[13] Ни он, ни Троцкий не прислушались к предостережениям Радека, который, зная патриотизм польских рабочих, предсказал неудачу Красной армии.[14]

Ленин глядел на мир сквозь искажающие русские очки. Его лжепророчества росли на почве русского опыта.[15]

Он знал, что его именно в этом упрекают многие русские и зарубежные социалисты, и на восьмом съезде РКП, говоря о венгерской революции, сказал:

Если до сих пор близорукие люди могли думать, что только особенности России вызвали этот неожиданный поворот к пролетарской советской демократии, что в особенностях этой демократии, быть может, отражаются, как в кривом зеркале, старые особенности царской России, — если такое мнение еще могло держаться, то теперь оно разрушено до основания.[16]

Два года спустя были до основания разрушены и эти иллюзии Ленина. Но было бы неверным считать его предельно наивным утопистом, "кремлевским мечтателем", ослепленным доктринами, вовсе не видевшим именно тех роковых особенностей русской истории, которые благоприятствовали торжеству его партии.

Он говорил Горькому, встревоженному тем, что большевики разрушают основы русской культуры: "Ну, а по-вашему миллионы мужиков с винтовками в руках — не угроза культуре, нет? Вы думаете, Учредилка справилась бы с их анархизмом?... Русской массе нужно показать нечто очень простое, очень доступное ее разуму. Советы и коммунизм — просто".[17]

В 1921 году, когда некоторые руководители итальянских коммунистов помышляли о скорой пролетарской революции, Ленин предостерегал их: "У Италии нет ни зерна, ни угля . . . Не сравнивайте русский народ с другими народами. Ни один другой народ не смог бы вынести такие страдания . . .[18] "Нам не нужна вторая Венгрия".[19]

В одной из последних статей, в рецензии на книгу Суханова "О нашей революции" ("Правда", 3 мая, 1923 г.) — Ленин, возражая "героям II Интернационала", которые, мол, утверждают, что "Россия не достигла такой высоты производительных сил, при которых возможен социализм", писал:

Ну, а что, если своеобразие обстановки в России ... поставило ее развитие на грани начинающихся и частично уже начавшихся революций Востока, в такие условия, когда мы могли осуществить именно тот союз "крестьянской войны" с рабочим движением, о котором, как об одной из возможных перспектив писал ... Маркс в 1856 г., по отношению к Пруссии? Что, если полная безвыходность положения, удесятеряя тем силы рабочих и крестьян, открывала нам возможность иного перехода к созданию основных посылок цивилизации, чем во всех остальных западно-европейских государствах? ... Если для создания социализма требуется определенный уровень культуры, то почему нам нельзя начать сначала с завоевания революционным путем предпосылок для этого определенного уровня, а *потом уже* ... двинуться догонять другие народы?[20]

Так догматик сражался с прагматиком — две души в одной груди, два рассудка в одном разуме.

В последние годы жизни болезнь оторвала, отторгла Ленина от исступленно ревностной практической деятельности. (В феврале 1921 г. за 23 рабочих дня он провел 40 заседаний, — в Совнаркоме, ЦК, Политбюро, СТО, — принял 68 посетителей, среди них и "крестьянских ходоков", произнес четыре публичных речи и написал две статьи "О наркомпросе" и "Об едином хозяйственном плане". В отличие от своих позднейших преемников, он речи не читал, а произносил и притом, не всегда пользуясь схематичными конспектами, и статьи писал сам.)[21]

Григорий Померанц так определяет историческую роль Ленина-государственного деятеля:

Ленин ... собирал Российскую империю, взорванную Революцией, в Советский Союз. И когда злился на "шовинистическую шваль" /действительно злился/, то потому, что она мешала дело делать ... Без борьбы с великодержавным шовинизмом решительно невозможно было восстановить фактическую русскую власть над Украиной и Грузией ... а после ленинской реорганизации русская власть шагнула до Эльбы — так, как и предсказано было:

От Нила до Невы, от Эльбы до Китая, —
От Волги по Евфрат, от Ганга до Дуная...
Вот царство русское...[22]

Тютчев, "Русская география"

2.3. Остановленный на ходу, на бегу, отстраняемый врачами и всеми близкими от "кипучей злобы дня", которая была для него смыслом существования, он зато свободнее размышлял, оглядываясь на прошлое, со стороны наблюдая настоящее и пытаясь предугадать будущее.

В последние месяцы сознательной жизни его мыслями с чрезвычайной новой силой завладели две проблемы: бюрократизм и национальная политика.

24 января 1922 Ленин писал Цурюпе: "Нас затягивает поганое бюрократическое болото".[23] 21 февраля ему же: "Перенести центр тяжести с писания декретов и приказов (глупим мы тут до идиотства) на *выбор людей* и проверку исполнения . . . Ведомства — говно; декреты — говно. Искать людей, проверять работу — в этом все".[24]

6 марта того же 1922 года, в одном из последних выступлений на собрании металлистов, он говорил: "Самый худший у нас враг — это коммунист, который сидит на ответственном советском посту . . . не научился бороться с волокитой, не умеет бороться с ней, ее прикрывает. От этого врага мы должны очиститься в нашей "обломовской республике'."[25]

В самых последних своих статьях "Как нам реорганизовать Рабкрин" и "Лучше меньше, да лучше", в заметках, которые он диктовал секретарям и лишь частью сам писал, в том числе и в тех, которые образовали "Завещание", он снова и снова, почти с маниакальной настойчивостью повторял все те же мысли:

Мы аппарат в сущности взяли старый, от царя и от буржуазии . . . вся работа должна быть направлена на улучшение аппарата . . . он заимствован нами от царизма и лишь чуть-чуть подмазан советским мирром . . .

Мы называем своим аппарат, который на самом деле еще чужд нам и представляет из себя царскую и буржуазную мещанину, преодолеть которую в пять лет при отсутствии помощи от других стран и при преобладании "занятий" военных и борьбы с голодом, не было никакой возможности . . .

Наш госаппарат, за исключением Наркоминдела, представляет из себя пережиток старого ... Он только слегка подкрашен сверху ... Дела с госаппаратом ... печальны, отвратительны ... недостатки коренятся в прошлом, которое хотя и перевернуто, но не изжито".[26]

Злополучный Колумб, упираясь в исстари знакомые берега, хотел еще надеяться, что их можно обогнуть, взорвать, срыть. Вопреки элементарным основам своих теоретических воззрений, он хотел на практике изменять старое бытие посредством нового сознания. Он надеялся преодолеть, перестроить старый бюрократический аппарат — старое государство — якобы новыми, но по существу столь же старыми бюрократическими средствами — реорганизациями, административными, ведомственными реформами, исходящими сверху из единого — имперского — центра.

В статье "Лучше меньше, да лучше" (2 марта 1923 года, после этого он уже не писал ничего), он как и в предыдущей, зло поносил Рабкрин, которым тогда руководил Сталин; но в то же время именно в этом, придуманном им контрольно-инспекционном ведомстве он видел главный рычаг для спасительной перестройки: "Рабкрин ... посвящен всему нашему государственному аппарату и деятельность его должна касаться всех и всяких, без всякого изъятия, государственных учреждений, и местных и центральных, и торговых, и чисто чиновничьих, и учебных, и архивных, и театральных и т. д. — одним словом всех без малейшего изъятия".

Для усовершенствования такого всеохватного ведомства, призванного фактически руководить ("инспектировать") всем государством, он не видел средств лучше *слияния контрольного партийного учреждения с контрольным советским ... такое соединение является единственным залогом успешной работы".*[27]

Этот "завет Ильича" был выполнен. Объединенным ЦКК-РКИ до конца руководил верный сталинский холоп Емельян Ярославский, неизменно прочно связанный с ГПУ-НКВД.

Так, мудрый ненавистник бюрократии представлял созданный им партократический, номенклатурно-кратический государственно-партийный аппарат неким соперником барона Мюнхгаузена, который хвалился, что сам себя вытащил из болота, крепко ухватив себя же за шиворот и за косицу.

VI. ИМПЕРИЯ БЕЗ КОРОНАЦИЙ

Нет, жить в Кремле нельзя; Преображенец прав.
Здесь древней ярости еще кишат микробы:
Бориса дикий нрав, все Иоаннов злобы
И Самозванца спесь взамен народных прав.

Анна Ахматова

1.0. Сталин оказался удачливым преемником Ленина потому, что он раньше многих других, — в том числе раньше и своего предшественника, — чувствовал и, видимо, понимал неизбежность, закономерность того развития, которое так ужасало Ленина.

Сталин бездарный, но здравомыслящий, хитрый и проницательный эпигон, обладал одним несомненным преимуществом и перед гениальным Лениным, и перед всеми более или менее талантливыми соперниками — Троцким, Бухариным, Пятаковым, Шляпниковым, Зиновьевым, Каменевым, и др. Для них власть, захваченная в одном Российском государстве, оставалась, вопреки их собственному опыту, все же еще только средством для достижения иных мировых целей, ближайшим путем к вселенскому торжеству коммунизма.

Для Сталина — наоборот — средствами, путями были марксистские и ленинские коммунистические теории, призывы, программы, лозунги, стратегия и тактика Коминтерна и т.д., и т.п. А *целью было укрепление и расширение государства — Империи*, судьбу которой он уже непосредственно отождествлял со своей личной судьбой.

Петр Великий и особенно Иван Грозный вызывали у него интерес, уважение и даже известную эмоциональную приязнь, насколько этот бессердечный властолюбец вообще был способен на такие эмоции. Интересовали его и Наполеон, и Фуше, но то было чисто познавательное любопытство к чужому политическому опыту. А "прогрессивные" Российские самодержцы влекли его как наследника, преемника. И он, конечно, хотел, чтобы возможно больше людей в России и во всем мире почувствовали и признали эту преемственность. Поэтому он давал "социальный заказ" на книги, научные трактаты и романы, пьесы и фильмы об Александре Невском, Иване Грозном, Петре Великом, Богдане Хмельницком, Суворове, Ушакове и т. д.

Идеализированные, классицистски или романтически "поднятые" над историей образы великих самодержцев и их полководцев должны были воспитывать и вдохновлять верноподанных Российской империи, переименованной в СССР. Это переименование было следствием временной слабости, следствием поражений на ближнем Западе и плодом трудных "борений с самим собой" догматика-прагматика Ленина, который, вопреки слишком прямолинейным великодержавникам — вопреки тому же Сталину, — настаивал на самоопределении , — а не на автономии, — национальных республик, на их формальном юридическом равенстве с Российской федерацией.

Но под прозрачной "социалистической" чешуей сохранилась Российская Империя. И вновь крепла и ширилась, завоевывая все новые владения, под самодержавной властью "отца народов".

После 1945 года эта имперская сущность стала очевидной, несмотря на все внешние идеологические рудименты ленинского интернационализма. Державная мощь была важнее любых теорий и любых идеалов, не только для раболепных приспешников генералиссимуса, но и для искренних патриотов, и для националистов, и уж конечно для великодержавных шовинистов, число которых необычайно выросло в пору военных бедствий, и всего более после победы.

1.1. Великодержавную преемственность новых "хозяев" Росии признал уже в начале 20-х годов В. В. Шульгин — один из самых проницательных и самоотверженных сторонников последнего царя.

Они восстановили армию. Это первое. Конечно, они думают, что они создали социалистическую армию, которая дерется "во имя Интернационала", — но это вздор. Им только так кажется. На самом деле они восстановили русскую армию.

Дальше. Наш главный, наш действенный лозунг — Единая Россия . . . Знамя Единой России фактически подняли большевики. Конечно, они этого не говорят. Конечно, Ленин и Троцкий продолжают трубить Интернационал. Но . . . фактически Интернационал оказался орудием расширения территории для власти, сидящей в Москве. До границ, где начинается действительное сопротивление других государственных организмов в достаточной степени крепких. Это и будут естественные границы будущей Российской Державы . . . Социализм смоется, но границы останутся . . . Будут ли границы 1914 года или несколько иные, — это другой вопрос. Во всяком случае, нельзя не видеть, что русский язык во славу Интернационала опять занял шестую часть суши. Сила событий сильнее самой сильной воли . . . Ленин предполагает, а объективные условия, созданные Богом, как территория и душевный уклад народа, "располагают" . . . И теперь очевидно стало, что, кто сидит в Москве, безразлично кто это, будет ли это Ульянов или Романов (простите это гнусное сопоставление), принужден . . . делать дело Иоанна Калиты.[1]

Эти суждения Шульгина история подтвердила с лихвой. Наследники Ленина и Троцкого, "делавших дело Иоанна Калиты", еще более успешно доделывали дела Романовых. В Средней Азии в 1921-22 гг. Фрунзе, а в 1930-31 гг. Буденный довершили завоевания, начатые в прошлом веке генералами Скобелевым и Кауфманом. В 1941-45 гг. сталинско-бериевские генералы, изгоняя немцев Поволжья, калмыков, крымских татар, чеченцев, ингушей, балкарцев и др. народности, действовали столь же решительно, однако более успешно — сказались преимущества технических средств и отсутствие каких-либо оглядок на мнения иностранцев, — чем некогда Ермолов, изгонявший "немирные племена" с Северного Кавказа и Черноморского побережья, и Меньшиков, "выдворявший" крымских татар. Выселение немцев Поволжья впервые проектировалось в 1915-1916 гг., но тогда не состоялось из-за пассивного сопротивления либеральной бюрократии и начавшегося уже разложения военно-административного механизма.

В 1945 году советские армии "отплатили" за Порт Артур и Цусиму, продвинулись значительно дальше, чем собирались Безобразов, Николай II, Куропаткин и другие. Двигались бы и еще дальше, если бы не помешали сперва американцы в Южной Корее, а потом и маоисты на всех прочих ближних участках. Зато уже в пику им были приобретены раньше вовсе небывалые опорные позиции в Индо-Китае (Вьетнам, Лаос, Камбоджа).

1.2. В 1939-50 годах сталинские дипломаты, пропагандисты и разведчики взяли курс на завоевание южного (турецкого) Черноморья и проливов.

Уже в 1944 году Милюков говорил: "Февраль к чему привел? Он привел . . . к брест-литовскому миру и расчленению России . . . А Октябрь . . . привел к тому, что Россия стала единой, что Россия стала победительницей Гитлера, надеждой мира".[2]

И задолго до этих признаний Милюкова многие из консервативных белых эмигрантов разных поколений убеждались в "законности" самозванного большевистского наследования Российской державы. Так возникали движения "сменовеховцев", "евразийцев", "левых младороссов" и т. п.

Об этом подробно рассказывается в книге М. Агурского "Идеология национал-большевизма" (Париж, 1980). Не разделяя обобщающих выводов автора, который так же, как Вл. Соловьев в ряде случаев отождествляет понятия государственной идеологии и государственно-политических традиций с национальной идеей, видит в Ленине "ортодоксального марксиста" и т. п., я с благодарностью пользуюсь исследованными им фактическими данными и его наблюдениями.

Ведущий идеолог "Смены вех" Николай Устрялов уже в 1920 году из Харбина призывал сторонников белой контрреволюции примириться с новым Российским государством.

Противобольшевистское движение силою вещей слишком связало себя с иностранными элементами и поэтому невольно окружило большевизм известными национальным ореолом ... интересы советской власти будут фатально совпадать с государственными интересами России . . . большевизм логикой вещей будет эволюционировать от якобинизма к наполеонизму.[3]

М. Агурский считает, что Устрялов в большевизме "ощутил невиданное торжество русской национальной идеи".[4] Так полагал и сам Устрялов.

Но в действительности это было торжество идеи державной, имперской. Именно она владела мыслями и чувствами Устрялова, когда он приехал в Советскую Россию.

Иоанн Грозный, Петр . . . наши дни — тут глубокая интимная преемственность . . . Большевизм с его интернациональным влиянием и всюду проникающими связями становится ныне прекрасным орудием международной политики России.[5]

Он восхищался "октябрьским морозом, дохнувшим на захмелевшую от свободы Россию".[6] (В этой метафоре сказывается последователь Леонтьева, который тоже полагал необходимым "подморозить Россию".)

Примерно так же рассуждали и другие сменовеховцы. В книге Агурского приведены конкретные примеры — высказывания С. Лукьянова — бывшего оберпрокурора Синода и сподвижника Столыпина

("Последние новости" 15 фев. 1921), А. Бобрищева-
-Пушкина, одного из лидеров октябристов, Алексея
Толстого, который стал преуспевающим "столпом
социалистического реализма", другого "красного
графа" А. А. Игнатьева, который впоследствии дея-
тельно участвовал в реставрации воинских традиций
императорской армии (Уже в годы войны они стали
основой нового идеологического воспитания и повседневного быта советских вооруженных сил.)

Вл. Львов до 1917 года считался правее октябристов (он был последним оберпрокурором Синода),
но после 20-го года оказался "левее сменовеховцев". Потому что убедился: "Большевистский переворот был совершен во имя осчастливления всего
человечества, но на деле же работа советской власти
сводится по преимуществу к отстаиванию русских
национальных интересов".[7]

Эсер М. Вишняк осуждал сменовеховцев за то,
что они "начали славить красный империализм, усма-
тривая в нем выявления русского великодержавия".[8]

То же самое по существу, но только одобритель-
но, утверждал сменовеховец П. Губер, — последователь К. Леонтьева: "Великодержавная политика Советской власти есть несомненный и уже давний
факт".[9]

Значительная часть "евразийцев" склонялась к
открытому последовательному союзу с большевика-
ми и к возвращению в Россию. Кн. Д. Святополк-
-Мирский стал даже членом ВКП и одним из ведущих
советских критиков-литературоведов. С. Эфрон (муж
Марины Цветаевой) стал советским разведчиком. Они
оба погибли в сталинских застенках.

Редактор отечественного сменовеховского жур-
нала "Новая Россия" И. Лежнев был в 1926 выслан из
СССР под нажимом левой оппозиции, но уже в 1930
году возвращен Сталиным, принят в партию и назначен зав. отделом "Правды". В 1922 году он возгла-
шал открыто: "Русский империализм (от океана до
океана), русское мессианство (с Востока свет),

русский большевизм (во всемирном масштабе) — все это величины одного и того же измерения".[10] Ему подстать его коллега В. Тан-Богораз, который гордился названием "национал болшевизм", радовался возрождению "Единой и Неделимой" и писал:

Здоровее Европы стала современная Россия . . . духовно опереться на Европу больше Россия не может . . . Одно можно предсказать со значительной уверенностью. Это растущую роль России в делах мировых, делах международных . . . рвение к влиянию на старую Европу и на весь огнедышащий мир Востока и Запада.[11]

Нужно признать, что сменовеховцы предвидели дальнейшее развитие Советской державы значительно лучше, чем их марксистские оппоненты из числа руководящих деятелей этой державы. Предвидели и общие направления и многие существенные подробности. Устрялов, приветствуя разгром оппозиции в 1927 году, отчетливо представлял закономерности дальнейшей внутрипартийной борьбы:

Хорошие люди из оппозиции гораздо хуже "худых" из большинства . . . Партийный середняк в настоящий момент социально полезнее и государственно плодотворнее . . . Наступают сумерки старой ленинской гвардии . . . Чрезмерные увлечения интернационалистского максимализма только повлекут за собою болезненную гипертрофию неминуемо грядущего национализма.[12]

С "младороссами-кирилловцами" Г. Стацевичем из Берлина и С. Семеновым из Данцига я в разное время встретился в тюремных камерах в 1945 и 1946. Независимо друг от друга они вполне однозначно излагали свою программу: решительная поддержка Советской России, полное одобрение сталинской внешней политики, признание основных общественно экономических преобразований (национализация крупной промышленности, колхозы, как восстановленные "исконные" общины) , и поддержка личной диктатуры Сталина, но только с "некоторыми дополнениями" — восстановление легитимной монархии — ("а генералиссимус Сталин останется вождем, примерно как был Муссолини при короле") — и свобода частного предпринимательства в торговле, ремеслах и мелкой промышленности.

1.3 С годами имперская сущность советской державы все более отчетливо проступала из под поверхностно идеологической смазки — "советского мирро". Сохранялись уже только чисто словесные ритуальные формы печатной и устной пропаганды, школярского и "партпросовского" обучения. Крепнущая неизменная природная сущность открыто восстанавливала старые и обретала новые соответствующие ей формы.

Уже в 1933 году была восстановлена система паспортизации и "прописок по месту жительства", некогда жестоко поносимая Лениным. В годы войны новым "Законом о семье и браке" было восстановленное старое состояние внебрачных детей и узаконено бесправие женщин ("матерей-одиночек").

По-новому была подчинена государству, став его послушным орудием, та Церковь, которую в 1917 году "отделили" и в последующие годы жестоко преследовали.

Восстанавливались воинские звания, униформы (погоны) и ритуалы; возрождались "воинские традиции"; в мундиры обрядили дипломатов и горняков, прокуроров и школьников; возродились кадетские корпуса; средние школы вновь разделили на мужские и женские.

А главное — четко определились новые сословия; явственно выделились наиболее привилегированные — "номенклатурные" — и низшие: беспаспортные крестьяне, бесправные ссыльные, "спецпереселенцы" (высланные инородцы) и миллионы государственных рабов — заключенных.

Новым фасадом великой державы стала Конституция 1936 года с всеобщим "бесклассовым" избирательным правом и цинически издевательскими выборами "из одного возможного".

Но с этой Конституцией отпали уже и рудиментарные формы "советской власти" (фактически никогда не существовавшей).

Остались пустые слова, такие же обманные, как и те требования-лозунги, с помощью которых во время октябрьского переворота большевики увлекли за собой немало сторонников: "Земля — крестьянам", "Фабрики — рабочим", "Вся власть Советам", "Мир народам".

Только первый из них обрел некоторую реальность. Землю крестьянам дали на 12-13 лет. Но уже в первые четыре года грабительски отбирали у них плоды этой земли. А потом и "коллективизировали" все, что удалось.

Фабрики рабочим не достались ни на один день, превратившись в собственность безликого капиталиста — государства, более хищного и безжалостного, чем все буржуазные эксплуататоры.

Власть Советов с самых первых дней была ограничена наркоматами, ревкомами, парткомами, лишь кое где существовала "на местах", в далеких от столиц губерниях. Но и там вскоре стала условной. Уже весной 1918 г. сельские советы были подавлены "комбедами". Государством управляли, как и прежде, самодержавный глава и верноподданные бюрократы разных рангов.

1.4. В духовную жизнь нации обновленная держава вторгалась низмеримо более властно, более действенно и более губительно, чем удавалось любому из императорских правительств после Павла I.

Тоталитарная власть сталинского государства, его всепроникающей жреческо-идеологической системы, осуществлялась не только собственно государственным, партийным и комсомольским аппаратами, но прорастала во все научные, учебные учреждения, в издательства, редакции, "творческие союзы", театры и т.д. Это была власть значительно более эффективная, чем в пору откровенного, официального монархического самодержавия.

Волошин написал в 1923 году:

> . . гнев веков свинцовых,
> Русь Малют, Иванов, Годуновых, —
> Хищников, опричников, стрельцов,
> Свежевателей живого мяса —
> Чертогона, вихря, свистопляса —
> Быль царей и явь большевиков.
>
> Что менялось? Знаки и возглавья?
> Тот же ураган на всех путях:
> В комиссарах — дух самодержавья,
> Взрывы Революции — в царях.
> . . . . .
> Сотни лет тупых и зверских пыток,
> И еще не весь развернут свиток,
> И не замкнут список палачей.

1.5 От ленинских времен Сталин, его приспешники и его преемники унаследовали *не столько идеологию*, которая менялась резко и легко, в зависимости от обстоятельств, — *сколько методологию*, опыт организационного администрирования и традиции агитаторского, пропагандистского, педагогического и террористического внедрения любых лозунгов и любых теорий, любых политических и нравственных идеалов, а так же соответственные традиции вытравливания, вышибания любых "устаревших" идей и идеалов.

В этих традициях можно обнаружить и более давние корни. Иные страстные защитники крепостного права потом восторженно славили царя-освободителя и презрительно-пугливо вспоминали мрачное Николаевское время. Многие либералы 60-х годов прошлого века в последующие десятилетия стали ретроградами. В 1914-1915 гг. бывшие германофилы, раньше видевшие в родственной Германской империи лучшего союзника, быстрехонько превратились в ненавистников и хулителей "проклятой немчуры".

Так же как убойная сила орудий и танков под

Сталинградом, на Курской дуге и при взятии Берлина, неизмеримо превосходила действенность вооружения императорских армий, так и губительная сила ЧК-ГПУ-МГБ-ГУЛага и количественно, и качественно превосходила всех своих предшественников из разбойных приказов, тайных канцелярий, уголовных палат и 3-его Отделения, со всеми их пыточными застенками, шпицрутенами, "торговыми казнями", сибирской каторгой, арестантскими ротами и военно-полевыми судами.

1.6 Российская Империя в своей советской ипостаси достигла могущества, и абсолютно и относительно, несравнимого ни с одним из прошлых периодов ее многовековой истории. Ее арсеналы переполнены оружием, способным уничтожить едва ли не все живое на планете. Еее наместники управляют огромным пространством от Эльбы до Индо-Китая, проникают уже и в Африку и в Латинскую Америку. Ее боевые и торговые корабли бороздят все моря. Ее воздушные силы многочисленнее и, вероятно, боеспособнее любых возможных противников. Ее летчики и ракеты, заряженные всесокрушающей термоядерной взрывчаткой могут достичь любой точки земного шара в любое мгновенье. Ее космонавты и "спутники" успешно осваивают космические просторы.

Сейчас глава державы Брежнев, но кто действительно управляет неимоварно разросшимся и усложнившимся механизмом военного, политического, хозяйственного, карательного, идеологического и других бесчисленных ведомств — представляется непостижимым.

Империя усилилась и продолжает усиливаться. Все многолюднее города, все шире и гуще угловатые серо-белесые нагромождения новых зданий, все больше заводов и фабрик; все многочисленнее стада разнородных автомашин — в том числе и "частных", — которые все назойливее снуют по городским улицам и по сельским дорогам от полярных морей до Памира, от Немана до Амура...

Но все это лишь количественный рост, внешний блеск и показное великолепие.

А изнутри сохраняется, как во все былые времена, разделение на немногих благополучных и множество прозябающих, если не в беспросветной нужде, (нищих сейчас меньше, чем было когда-либо раньше), то в постоянных лишениях, в больших заботах и малых скудных радостях.

И над всеми народами и племенами властвует, по существу, все тот же, лишь непомерно разросшийся многосуставный и многочленный "государственный организм". Никогда еще такое огромное количество людей не было втянуто непосредственно "внутрь" государственной структуры. Партийный, профсоюзный, комсомольский аппараты так же, как все "общественные" организации давно превратились в суставы единого казенного механизма-организма. Он растет почти безостановочно, разбухает и распухает, и все чаще его расслабленные мышцы и сочленения воспаляются болезненно, гноятся дряблые соединительные ткани...

1.7. И никогда еще с тех пор, как Петр превратил Царство в Империю, не были так этнически однородны верховная власть, командование вооруженных сил, весь управленческий, дипломатический, судебный и карательный аппарат государства. Инородцы постепенно вытесняются везде, где они не представляют "коренное население".

Тем более явственно проступают разительные противоречия между всеохватной и словно бы всемогущей державой и подвластными ей народами, прежде всего тем, которого величают "старшим братом", кого воспевают в бездарном и лживом гимне ("Союз . . . республик свободных, сплотила навеки великая Русь"). Потому что великодержавная политика всего гибельней сказывалась и сказывается на великорусском народе.

Великолепие Петербургской империи, все завоевания, все победы и поражения царских властей оплачивались потом и кровью десятков миллионов крестьян — помещичьих и государственных крепостных рабов.

Великолепие советской империи, все ее завоевания, победы и поражения оплачены такой же ценой. С той разницей, что советские партократы хозяйничают хуже всех Ноздревых и Плюшкиных; они привели к тому, что во многих областях России и Украины после страшных голодовок — последствий "великого перелома" — нового закрепощения, после всех лихорадочных "послаблений" и "завинчиваний" в 50-е и 60-е годы, крестьянство просто исчезло. Его сменили "сельхоз-работяги", механизаторы, колхозно-совхозные служащие разных рангов и бригады мобилизованных горожан или добровольцы — "бичи", "шабашники", и т. п.

Государство, прорастая в сельское хозяйство, совершенствуя его и "поднимая на невиданные высоты", привело к тому, что Россия, некогда кормившая пол-Европы, вынуждена ввозить хлеб и масло, а жители подавляющего большинства русских городов годами не видят мяса и молочных продуктов.

Государство, прорастая во все отрасли промышленности, в торговлю, во все области народного образования и здравоохранения, в повседневную жизнь все большего числа городских и сельских жителей, приводит к хаотической чересполосице коротких "достижений" и долгих "прорывов", к переизбытку непотребляемых товаров и постоянному недостатку самых необходимых, к ускоряющемуся нарастанию воровства, мошенничества, взяточничества и всяческой коррупции. Последствия всего этого — непомерное пьянство — национальная пандемия, взаимное отчуждение, разобщенность, равнодушие изверившихся людей.

VII. Я ДРУГОЙ ТАКОЙ СТРАНЫ НЕ ЗНАЮ

> Но и такой, моя Россия,
> Ты всех краев дороже мне.
>
> *А. Блок*

1.0. Сто лет спустя можно с еще большим основанием повторить слова Некрасова:

> Ты и могучая, ты и бессильная,
> Ты и убогая, ты и обильная...

Откуда, из чего возникли, как могли развиваться разрушительные силы государства, подтачивающие и духовное здоровье нации и материальные основы ее существования?

В 1920 году Бертран Рассел написал:

Первоисточник всех зол заключается в большевистских взглядах на жизнь: в ненавистническом догматизме и в убеждении, что человеческую натуру можно насильно переделать ... это сулит миру века беспросветной тьмы и бесполезного насилия ... Частично большевизм унаследовал отсутствие свободы от царского режима, но большая часть характерного для большевиков деспотизма принадлежит к самый сущности их социальной философии.[1]

В наши дни "евро-коммунисты" и многие социалисты доказывают, что жестокость, произвол, губительные просчеты в экономике, все преступления и ошибки советского режима объясняются тем, что уже его революционные зачинители и, тем более, их эпигоны, отказались от элементарных основ подлинного, — т. е. демократического социализма, грубо исказили все, что якобы заимствовали у Маркса и Энгельса и отвергли "настоящих" марксистов: Каутского, Плеханова, Мартова, Розу Люксембург и др., тогда как в рассуждениях и действиях Сталина и Хрущева столько же марксизма, сколько у Муссолини и Гитлера христианства.

Некоторые зарубежные историки и публицисты, так же, как иные участники национально-освободительных движений в Советском Союзе и подвластных ему восточно-европейских странах, уверяют, что истоки советского тоталитаризма кроются в исконных природных свойствах прежде всего великороссов, ссылаются при этом не только на критических иностранных наблюдателей, но и на свидетельства русской литературы от протопопа Аввакума до Шолохова.

1.1. Наиболее радикальные из наших нынешних "ново-староверов" и оппозиционные черносотенцы, (в отличие от казенных, чьи политические идеалы менее отчетливы), решительно отрицают причастность каких-либо национальных традиций —государственных, церковных или идеологических к возникновению и развитию советской державы. Для них все сводится к антихристовой власти чужеродных (иноземных и инородческих) оккупантов, опирающихся на соблазненных ими отщепенцев.

Однако Н. Лосский в книге "Характер русского народа", с гордостью писал о "могучей ... сверхчеловеческой несгибаемой силе воли", об "изумительной силе характера ... многих русских революционеров". И назвал имена Софьи Перовской, Савинкова и Ленина. Полагая, что "экстремизм и бунтарство ... типичны для русского человека", он утверждал: "Именно характер русского человека, при утрате им подлинной религии и замене ее псевдорелигией, создал ужасы большевистской революции и потому нам с сокрушением приходится признать, что особенности этой революции суть порождение русского духа. Мы не имеем права сваливать вину на какие-то посторонние русскому народу влияния".[2]

Размышления Бердяева, Федотова, Лосского, Рассела в общем близки тем взглядам на глубоко национальную природу русской революции, которые высказывали русские историки и публицисты самых разных мировосприятий — "сменовеховцы", "евразийцы", "национал-большевики" из младороссов и, разумеется, все советские историки, особенно после 1934 года, когда были официально "восстановлены в правах" понятия *родина* и *патриотизм*, когда и школьники и студенты должны были знать о прогрессивном, историческом смысле крещения Руси а словосочетание "великий русский народ" стало обязательным для речей и статей.

1.2. В большинстве таких высказываний, (исключая абсурдные суждения беспросветных мракобесов), при всем их разнообразии и в ряде случаев непримиримо противоположных обобщениях, кроются, по-моему, живые зерна правды, которые можно отсеять от плевел партийных, конфессиональных и националистических пристрастий. Для этого нужно лишь спокойно и внимательно вдуматься в то, как сложно противоречивы отношения между государством и нацией, державой и народом.

Ошибочными представляются мне попытки объяснять особенности большевистского режима своеобразными чертами русского национального характера, толковать природу этого режима, как порождение русской революции. Потому что большевистское государство уже с первых дней существования стало и контрреволюционным и антинациональным. И в том и в другом оно наследует и развивает природу всех предшествующих форм российского великодержавия.

Герцен утверждал: "Все те, которые не умеют отделить русского правительства от русского народа, ничего не понимают. Все те, которые хотят Русь мерить на ярды и метры, не знают ее .... они не стали изучать характер бедного колодника, а отвернулись от него, сказавши 'коли терпит, видно лучшего не стоит'." ("Россия и Польша") [3]

Владимир Соловьев, рассматривая те же противоречия, о которых говорится в настоящей работе, противопоставлял друг друг *народность* (т. е. нацию) и *национализм* (т. е. националистически декорированное государство).

Мы различаем народность от национализма *по плодам их.* Плоды английской народности мы видим в Шекспире и Байроне, в Берклее и в Ньютоне; плоды же английского национализма суть всемирный грабеж, подвиги Варрена Гастингса и лорда Сеймура, разрушение и убийство. Плоды великой германской народности суть Лессинг и Гете, Кант и Шеллинг, а плод германского национализма — насильственное онемечение соседей от времен тевтонских рыцарей и до наших дней.[4]

1.3. Недоразумения и споры возникают из-за того, что противоречия между государством и нацией не означают их разделенности, разорванности. Действительные конкретные противоречия развиваются внутри единства. Хотя держава, как национальное государство — это единство абстрактное, мнимое, иллюзорное, но многим, в том числе и весьма проницательным честным людям оно кажется реальным.

Потому что и самое деспотическое, самое чужеродное по происхождению и по своей сути, государство пребывает не только *над* нацией, но и *внутри* нее. Держава не просто угнетает, подавляет народ, но из него же черпает подавляющие силы — солдат, красноармейцев, жандармов, чекистов...

В годины потрясений, вызванных оборонительной войной, вражеским нашествием, тревоги и заботы государства могут на какое-то время совпадать с тревогами и заботами большинства нации. Так было в Пруссии и некоторых других немецких странах в 1813 г., в Англии в 1940 году. Так было в России в 1812 и в 1941 годах.

В таких совпадениях рождается своя мифология былей и небылиц, — мифология нередко плодотворная для национальной культуры. Так из преданий 1812 года возникли многие стихи Жуковского, Пушкина, Лермонтова, проза Л. Толстого, музыка Глинки и Прокофьева (”Война и мир”). Так из преданий 1941-45 гг. возникали ”Василий Теркин” и ”Дом у дороги”, стихи Арсения Тарковского, Давида Самойлова, Бориса Слуцкого — вся ”военная поэзия”, не иссякающая уже 30 лет, проза Виктора Некрасова,

Василия Гроссмана, Василия Быкова, музыка Шостаковича и др.

Н. Карамзин — историк, писатель, убежденный монархист и патриот не мог не ощущать противоречий между державой и большинством народа. Но он помнил надежды, вызванные либеральными просветительскими посулами Екатерины, его радовали и умиляли "почти республиканские" мечтания Александра I, сменившего деспотического Павла ("дней Александровых прекрасное начало"). И в 1802 году в эссе "О любви к отечеству и народной гордости" он предложил концепцию трех видов любви к отечеству — физической, моральной и политической.[5] То была добросовестная наивная попытка решить неразрешимую задачу.

Национальные культуры возникают вне государственных механизмов, вопреки им. Но в каждое историческое мгновение пребывают с ними в одном и том же "хронотопе", на одном и том же "перекрестке" пространства и времени. И в отдельных случаях они могут и прямо воздействовать друг на друга.

Державин и впрямь хотел верой и правдой служить Империи и вдохновенно воспевал "Фелицу" — Екатерину. Пушкин был не только прельщен актерскими дарованиями Николая I, но и всерьез признавал: "Нет, я не льстец, когда царю хвалу свободную слагаю", не шутя бросил поэтический вызов "Клеветникам России".

Владимир Одоевский, двоюродный брат декабриста А. И. Одоевского, мудрый и независимый вольнодумец, предпочитал музыку, поэзию, философию и естественные науки политической деятельности. Он верил, что Российское сословное государство — наиболее совершенная форма существования нации. "Я не понимаю другой формулы политического общества, кроме следующей: старшие братья над меньшими и отец над всеми".[6]

Однако, через двадцать лет после того, как были написаны эти слова, он радостно приветствовал освобождение крепостных, предсказывал счастливое будущее России. Первопричиной всех благ он полагал добрую волю Александра II — "величайшего из государей русских", и сетовал, что у него "нет добрых помощников, а лишь честолюбцы и лентяи".[7] (Почти так же полвека спустя Ленин видел корни всех зол в недостатках бюрократического аппарата.)

С другой стороны, даже самоуверенного жестоковыйного Николая, как говорили, "проняло" "Ревизором", а царь-освободитель, Александр III несомненно воспринял какие-то добрые влияния своего учителя В. Жуковского и своего приятеля А. К. Толстого.

1.4. Но все это были только эпизоды — исключения, подтверждавшие правила. И на страницах новейшей нашей истории можно обнаружить подобные строки или "абзацы" в судьбах Маяковского, Горького, Всеволода Иванова, Булгакова, Шолохова, Эйзенштейна; в покровительстве Хрущева не только Твардовскому, но и Солженицыну.

Во всех этих случаях воплощена та же закономерность, которая, по-моему, справедливо определена в чрезвычайно интересной работе Игоря Волгина о "Пушкинской речи" Достоевского:

Русское самодержавие . . . на протяжении веков так и не выработало своей собственной адэкватной себе и закрепленной "литературной идеологии". Оно строит свою моральную деятельность на традиции и предании,—/в наши дни это "традиции и предания" всех прогрессивных Российских государей, от Владимира Мономаха до Владимира Ленина и победительных полководцев от Александра Невского и Суворова до Клима Ворошилова и Георгия Жукова. Изменяются некоторые словесные орнаменты, но суть почти неизменна. — Л. К./ — на силе исторической инерции . . . Как историческая данность оно вовсе не совпадает с тем, что предлагали ему — в разное время — Посошков, Державин, Карамзин, Пушкин, Гоголь и Достоевский.[8]

Этот список можно было бы продолжить до наших дней. Почетное место в нем заняло бы имя Андрея Сахарова.

Были, есть и будут и такие мыслители, поэты

художники — мастера культуры, которые убеждены в том, что они причастны непосредственно к созиданию державы, уверены, что они в силу своего общественного положения (должностей, званий, репутаций) и своим творчеством принадлежат государству. Но такая убежденность, такая уверенность на поверку оказывается иллюзорной, порожденной все тем же привычным традиционным отождествлением державы и народа, государства и нации. Это противоречие ощущали, угадывали поэты:

Из памяти изгрызли годы,
Кто и за что в Хотине пал,
Но первый звук Хотинской оды,
Нам первым криком жизни стал.

В. Ходасевич

Не потрясенья и перевороты
Для новой жизни очищают путь,
А откровенья бури и щедроты
Души воспламененной чьей-нибудь.

Б. Пастернак

Всего прочнее на земле печаль
И долговечней царственное слово.

А. Ахматова

В той же работе Г. Померанца, которая уже цитировалась выше, говорится:

Судьба России в борьбе духов государственной и культурной системы, складывавшейся на перекрестке нескольких миров, все время в ломках, в перестройках — или в забытьи после судорог . . . . И каждый человек, попавший на русскую сцену, начинает играть русскую роль, кто бы он ни был: Фальконе, Фонвизин, Левитан, Бенкендорф, Френкель или Троцкий. Тот кто ассимилирован русской культурой, становится вероятной жертвой; тот, кто ассимилирован российской политикой, — вероятным палачом. С одной стороны, Мандельштам, с другой Блюмкин; с одной — Пушкин, с другой — Аракчеев.[9]

92

1.5. Советский тоталитаризм — особенно в годы "зрелой" сталинщины — был неизмеримо более жесток, чем все былые Российские правительства и более губителен для всех слоев народа, прежде всего для крестьянства и для наиболее активной интеллигенции.

За 28 лет царствования Николая I в Сибирь на каторгу и в ссылку были отправлены сотни тысяч, главным образом крестьян, осужденных своими помещиками, или приказами губернаторов.

Десятки тысяч крестьян, солдат, польских повстанцев были расстреляны, повешены, забиты на смерть кнутами и шпицрутенами.[10] Больше миллиона российских подданных разных сословий прошли через тюрьмы Европейской России и через арестантские роты (в 1835 году таких было уже 32 и в каждой не меньше тысячи осужденных, кто на несколько месяцев, а кто "бессрочно", на принудительный труд — главным образом строительство дорог и "казенных" зданий — без права свиданий, получения писем и посылок, без права курить и читать.

За 25 лет сталинщины были погублены десятки миллионов, были смертельно подточены корневые основы существования крестьянства. Через тюрьмы и лагеря прошло не меньше двадцати миллионов зеков и примерно каждый десятый из них умирал под пытками или от палаческой пули; вдвое столько же — если не больше — умирали от голода, от истощения непосильным трудом.

В 1963 году на общем собрании московских писателей тогдашний председатель Московской организации СП Степан Щипачев докладывал, что по полученным им официальным данным более 600 писателей были "незаконно репрессированы в годы культа личности", из них 180 реабилитированы посмертно; т. е. были убиты или умерли в тюрьмах и лагерях — Пильняк, Бабель, Артем Веселый, Николай Клюев, Борис Корнилов, Осип Мандельштам, Николай Олейников, Микола Кулиш, Бруно Ясенский и др.

Беспримерные по "размаху" и гибельным последствиям чудовищные преступления государства Сталина—Ежова—Берия—Жданова — так же, как значительно менее смертоносные по количеству, менее массовые по масштабам и в общем все же не столь исступленные карательные действия государства Хрущева и Брежнева, развивают и наращивают существенно те же государственно-политические традиции, которые зарождались и вызревали во всех деспотических государствах прошлого — наидревнейших азиатских империях, в эллинистических царствах, в Риме и Византии.

В Западной Европе такие традиции прерывались или слабели уже в поры феодальных усобиц, когда возникали и крепли противоположные им традиции правовых свобод, кодифицированные, определенные законами отношения между сюзеренами и вассалами, королями и подданными, городами и княжествами, государствами и церковью... Революции XVI-XVII-XVIII веков еще более радикально разрушали традиции самовластия, а с ними и сословные привилегии. Граждане республик США и Швейцарии старались свести вовсе на нет значение централизованного государственного аппарата и уже двести лет тому назад гордились независимостью законодателей и судей от исполнительной власти, гордились прочностью гражданских прав личности.

В России, напротив, старозаветные деспотические традиции воплотились в Московском царстве и с новой силой развивались в просвещенной Петербургской империи.[11]

1.6 Умнейший из откровенных поборников авторитарного самодержавия К. Леонтьев, писал: "Для достижения своей цивилизации русским выгоднее проникаться турецкими, индийскими, китайскими началами и охранять слепо все греко-византийское". Он предлагал "союз, сближение, смешение даже с турками, тибетцами, индусами какими-нибудь, чтобы только создать что-нибудь особенное, органическое под их воздействием, хотя бы и косвенным".[12]

Задорный противник и западников, и славянофилов, он больше чем на полвека предвосхитил теории национал-большевизма евразийцев и практику Сталина — преемника царей, султанов и обожествляемых богдыханов.

Большевистская — (Ленинская, Сталинская, Хрущевская и т. д.) — партийно-державная "культурная" политика, на первых порах, жестоко усиливала, тысячекратно увеличивала, — однако после 1953 года почти последовательно развивала именно те государственно-охранительные традиции, силу которых испытали Новиков, Радищев, Полежаев, Герцен, Шевченко, молодой Достоевский, Писарев, Чернышевский — традиции "попечительных" претензий Николая I и ревнивой жандармской любви к литературе и театру, традиции так убедительно олицетворенные в Бенкендорфе и Дубельте, в той бдительной цензуре, благодаря которой ранняя история русского "самиздата" украшена именами Грибоедова, Пушкина, Лермонтова, Гоголя, Чаадаева...

> От молдаванина до финна
> На всех наречьях все молчит,
> Ведь благоденствует...

Киевский студент, прочитавший эти стихи Шевченко на институтском вечере, посвященном 125-летию со дня рождения великого поэта, т. е. в 1939 году, — был осужден на восемь лет "за антисоветскую агитацию" (я встретил его в пересылке в 1946 году, и к сожалению не запомнил имени).

В. А. Маклаков был одним из наиболее популярных деятелей партии кадетов, добросовестным и здравомыслящим поборником российского либерализма. Обобщая опыт событий 1917-1918 гг., он писал:

Все мы при полной противоположности между собой были одинаково наследниками нашего прошлого; как и Октябрь 1917 г. неожиданно оказался детищем самодержавия . . . . Ходячая фраза этого времени . . . "Пусть будет республика, но чтоб

95

царем в ней был Николай Николаевич", не только смешна. На этом чувстве было заложено поклонение Керенскому, потом Ленину, а в конце обоготворение Сталина . . . Во всех режимах, которые сменяли друг друга после 1917 г. скрывалось привычное искание властной личности и недостаток доверия к "учреждениям".[13]

Те же по существу "привычные искания" и тот же "недостаток" доверия сказывались в последующие десятилетия в неотвратимом разбухании властно личных авторитетов и Хрущева, первого обличителя "культа личности", и почти вовсе безличного Брежнева; а по мере нарастания недовольства в самых разных кругах советского общества эти идеологические традиции все явственней оживали не только в действительно господствующей идеологии правящих сословий, для которых все проявления казенно утвержденной "марксистско-ленинской" идеологии давно стали мертвыми рудиментами, но и в наиболее радикально оппозиционных националистических и шовинистических группах, проповедующих "православное возрождение" и "почвенность". Один из таких противников советского режима, оказавшись заграницей, с подкупающей искренностью признается:

Идеократическая, авторитарная всеохватывающая, централизованная политическая система есть единственная форма существования России. Может меняться лишь форма идеологии, но невозможно без гибели самого государства отказаться от идеологии как таковой. Эта истина доказана революцией 1917 года, ставившей целью отказ от идеологии, от централизма, от государства. Идеология является основой, скрепляющей общество. Россия есть Новый Египет, Новая Византия, Новый Израиль. Россия — обновляющийся наследник великих цивилизаций и империй прошлого, живой продолжатель их духа. Все остальные — или варвары или слабые подобия.

Этот ревнитель "идеократической" государственности настолько последователен, что одобряет расправы советских властей с теми диссидентами, в которых он видит опасных "западников" и обозначает безличным ярлыком "ДД" (т. е. демократическое движение):

Сегодняшняя власть, преследуя ДД, спасает не себя ... эта власть охраняет, сама того не зная, нацию от духовного порабощения, от проникновения внутрь страны и народного духа иноземного яда. Охраняет нацию от физического порабощения, последующего за духовным.[14]

1.7. Ретроградные проповедники "православного возрождения", считают недопустимым, даже кощунственным указывать на государственно политические особенности унаследованные советским государством от царского. Ведь сегодня Россией управляют безбожники, тогда как цари были набожными помазанниками Божьими и опирались на Церковь.

Такое противопоставление в известной мере справедливо, если речь идет о первых двадцати годах после 1917 года, когда большевики немилосердно подавляли православную церковь, — как, впрочем, и все другие религиозные конгрегации; костелов, мечетей, синагог, баптистских молелен осталось в расчете на количество верующих еще меньше, чем церквей. Большевики на первых порах видели в Православной церкви влиятельного союзника своих недавних соперников — белых генералов и возбудителя пассивного крестьянского сопротивления, которого опасались и ЦК и все оппозиции.

Большевистское "воинствующее безбожие" первых десятилетий было столько же наступательным, грабительским, нередко террористическим, сколько и оборонительно-охранительным, защищающим основы их идеологии.

Религиозные учения, неизменность религиозных принципов, казалось, могут препятствовать воспитанию того нового советского мировосприятия, которое должно гибко поддаваться любому очередному лозунгу, призывам каждого нового "исторического" съезда или пленума, и превыше всех святынь чтить державу и ее вождя.

1.8. Однако после 1934 года — после разгрома "школы Покровского" и суровой острастки Демьяну Бедному за грубо кощунственные сочинения (пародийная пьеса о крещении Руси и др.) и дополнительной "чистки", произведенной НКВД среди духовенства, — Сталин все откровеннее наследовал опыт коронованных предшественников, умевших подчинять Церковь, даже убивая иерархов, как Иван Грозный, глумясь и командуя, как Петр,[15] или "ласково грабя", как Екатерина II.

Сталинский конкордат с патриархом и новым синодом, "обновленные" кадры епископата и клира, восстановили в значительной мере государственную роль церковной иерархии.

В награду за это государство щедро помогало руководителям формально все еще "отделенной от государства" церкви. Сразу же после войны была окончательно ликвидирована "униатская ересь" в Западных областях Украины и Белоруссии и та "Живая церковь", которая раньше считалась "более прогрессивной", — т. е. верноподданной; широко поощрялись международные связи Московской Патриархии.

При Хрущеве одно время намечался рецидив хамского безбожия. Но в последующие годы государственная роль церкви стала еще более значительной.

По мере того как безнадежно ветшала, утрачивала сторонников казенно утверждаемая, выхолощенная идеология "диалектического материализма" и "пролетарского интернационализма", все шире, все настойчивее возрождались и религиозные настроения и националистические идеалы у людей разных возрастов, разных общественных состояний и разных народностей. В таких условиях казенная церковь оказывается уже не соперником, а союзником партийно--державного *идеологически-охранительного* аппарата, помогая раздроблять духовную оппозицию, отвлекать молодежь от бунтарских ересей, излечивая ее от "мирских", либерально-демократических чаяний и зловредных "западнических" симпатий.

Священный Синод Русской Православной церкви огласил заявление от 20 марта 1980 года, в котором, в частности, говорится:

На всем протяжении своего тысячелетнего бытия Русская Православная Церковь жертвенно осуществляла деятельное многоразличное служение на благо нашего возлюбленного Отечества и на благо его народов. И ныне ее архипастыри, пастыри и миряне, являющиеся гражданами Советского Союза, стремятся активно участвовать в интенсивном процессе развития нашего социалистического общества . . . Мы решительно осуждаем использование событий в Афганистане как повод для раздувания недопустимой кампании по срыву проведения в Москве Олимпийских игр 1980 года. /Выше эти "события" трактовались так же строго "в духе и в стиле" партийной печати. Л. К./[16]

Внутренние преемственные связи между старой казенно религиозной и советской государственной идеологией не ограничиваются такими наглядными внешними проявлениями. Уже в Ленине почитатели и противники замечали "керженский дух", "игуменский окрик в декретах" (Николай Клюев), видели в нем потомка неистового протопопа Аввакума. Сталин и в риторике и во многих повадках до конца сохранял уроки, усвоенные в Тифлисской семинарии. Одну из своих статей, накануне переворота, возвещавшую решительные политические перемены, наполненную злобными проклятиями меньшевикам, эсерам, Горькому, и вообще "старым революционерам с громкими именами", он озаглавил: "Окружили мя тельцы мнози тучны", а закончил, перефразируя Евангельские слова: "Революция не умеет ни жалеть, ни хоронить своих мертвецов".[17]

1.9. "Советскую власть я считаю единственной русской национальной властью, никакой другой нет, и

99

только она представляет Россию в международных отношениях".[18]

В этом решительном утверждении Н. Бердяева мне представляется неправильным только определительное словосочетание "русская национальная". Оно возникало из привычного отождествления государства и нации. Если заменить его словами "Российская имперская власть", это определение станет, по-моему, бесспорным.

По таким же соображениям мне представляется правильным считать Мао-Дзедуна, Хуа-Гофена и Ден Сяопина единственной Китайской имперской властью (имперской, но не национальной), и тем самым противоположной западническому провинциальному режиму Тайваня. Покойного "великого кормчего" обожествляли в особых молитвенных ритуалах, (поклонялись его портретам), в легендах о сверхчеловеческой чудотворной силе его слов, его текстов и т. д., и т. п. В этом культе прямое наследование традиций почитания императора — "Сына неба".

Черты сходства со сталинщиной менее всего объяснимы непосредственным подражанием: лишь немногие более образованные партийные кадровики-горожане знали, что происходит в СССР; подавляющее большинство — сотни миллионов почитателей "председателя Мао" и не слыхали ничего о других странах и других богоданных вождях. Общими, родственными были давние исторические корни государственных традиций. Ведь потомки Чингисхана примерно в одно время (XIII-XIV вв.) управляли значительными частями России и Китая; "цари" Золотой Орды были двоюродными, троюродными и пр. кузенами императоров династии Юань.

2.0. Наследники Сталина — ревнители "мирного сосуществования" и "разрядки" продолжали, так же, как он, исполнять внешнеполитические заветы коронованных предшественников. Заунывно повторяя ритуальные славословия пролетарскому интернационализму и социалистическим идеалам, они сосредоточивают военную, дипломатическую и пропагандистскую энергию в тех же узловых точках мироддержавной стратегии, на тех же геополитических направлениях, куда издавна метили цари и императоры; они укрепляют морскую мощь там, куда лишь мечтали заплывать Петровские, Екатерининские, Александровские и Николаевские адмиралы.

Казаки Николая I, пройдя огнем и мечем по Венгрии в 1849, все же вернулись обратно; армии Николая II туда и не добрались. А сталинские и хрущевские танковые корпуса там остались всерьез и надолго.

Императорские войска в 50-е годы прошлого века безуспешно воевали "за ключи к Иерусалимским храмам," за право покровительствовать Палестине. Наследники Сталина доверили боевые действия воинственным арабам, но сами сумели "ногою твердой стать" у Красного моря и Персидского залива.

Генералы и дипломаты царей осторожно топтались вокруг Афганистана, не хотели ссориться с британскими хозяевами Индии; новые российские генералы куда более решительны, а дипломаты и вовсе беззастенчивы.

Цари еще только начинали заглядываться на Африку, которую делили между собой их кузены и свояки, еще только дипломатически заигрывали с православными негусами. Советские летчики, танкисты, связисты и бесчисленные советники по сельскому хозяйству, гидротроительству и госбезопасности уверенно распоряжаются в "социалистических" государствах Африки, в Эфиопии, в Анголе, в Мозамбике и др., где им ревностно помогают кубинские солдаты и гедеэровские полицейские инструкторы.

2.1. Во внутренней политике общность вековых истоков и корней Великодержавия проявляется не только в карательной практике надлежащих государственных ведомств, но и в преемственности некоторых существенных идеологических особенностей и отдельных живучих черт общественного бытия и общественного быта.

Нас со школьной скамьи учили презирать и ненавидеть всяческий индивидуализм и субъективизм; убеждали в ничтожности отдельного человека — "винтика", "щепки", отлетающей, когда рубят лес — и во всесилии и в абсолютной праведности "воли масс", которая олицетворена в партии, в советском государстве, в "мудром вожде".

Такие представления, как основу основ нашего мировосприятия, вколачивали нам газеты и радио, беллетристы и лекторы и все разоблачители "отсебятины" в научных размышлениях и греховного "самовыражения" в художественном творчестве.

Сегодняшние антикоммунисты винят во всем этом обезличивающую коллективистскую социальную философию марксизма и вообще социализма. Не без оснований. Можно найти немало примеров, иллюстрирующих, подтверждающих такое толкование.

Но почему же эти обезличивающие силы в значительно меньшей степени сказываются, в демократических странах Европы и Америки, и в Польше, Венгрии и Чехословакии?

Объясняя неудачи "пролетарской" революции за рубежами России, мы обязательно ссылались на роковую силу "буржуазии и мелкобуржуазных индивидуалистических элементов" в сознании других народов. Но эти же элементы сурово подавляли и гитлеровцы — наследники прусского (и уж никак не марксистского) коллективизма. "Гемайнунц фор айгеннунц" — общественная польза выше личной, интересы империи (райха), партии, армии, воинской части всегда превыше интересов индивидума, — это основные принципы нацистской идеологии.

Требования безоговорочного — внешнего и "внутреннего" подчинения каждого человека сверхличным внешним силам — необходимые основы и фашистских теорий и всех идеологических метаморфоз советского коммунизма, так же как китайского — (по Мао "эгоизм" есть главная опасность), — но так же

102

и "исламского возрождения".

В этом родственны между собой все идеологии, возникающие на почве деспотических, авторитарных и тоталитарных государств; они лишь в новых оболочках развивают традиции старых культов, традиции поклонения божественным монархам — императорам, ханам, шахам, халифам, султанам, богдыханам, далай-ламам, имамам и т. п.

Именно такой была историческая почва, на которой вырастали традиции общественного сознания в Россиийской империи.

Польский поэт и историк Сигизмунд Сераковский-Доленго[19]писал: "В Польше обеспечение прав личности и добровольное ее содействие к достижению общественных целей — было первым условием всех начинаний . . . . В России государственное начало подчинило себе все — раздавило всех".[20]

Преувеличенное развитие прав личности, выразившееся в пресловутом праве "индивидуального вето" каждого депутата сейма, стало одной из причин слабости Польши в XVIII веке, когда ее разделили между собой три деспотические монархии. Но эти же духовные традиции помогали сохранять и развивать польскую национальную культуру в трех разных государствах, вдохновляли повстанцев 1831, 1863 и 1944 годов, помогли отразить натиск советских войск в 1920, пережить ужасы нового рездела в 1939 году и всех лет гитлеровской и сталинской оккупации.

И эти же традиции решающе сказались в событиях 1956 и 1970 гг., определяя своеобразие "польского социализма", который в отношениях с крестьянством, с церковью и с оппозиционной интеллигенцией существенно отличается от могущественного "старшего брата". Советские танки, упрямо остающиеся на польской земле, не могли предотвратить ни выдвижения Гомулки к власти в 1956 году, ни его свержения в 1970 году. И, несмотря на танки, Герек не осмелился подавлять чествование Папы в 1979 году и был свергнут забастовщиками в 1980 году.

В те дни, когда эти заметки готовились к печати, в Польше продолжалось беспримерно героическое, ненасильственное сопротивление рабочих, крестьян, интеллигенции и церкви, которые противостоят сверхмогучим военным и промышленным силам СССР и его сателлитов.

2.2. Отзыв Сераковского о "государственном начале" в России можно было бы счесть пристрастным суждением противника. Но лишь немногим позже русский историк, философ и правовед Константин Дмитриевич Кавелин (1818-1885) писал в работе "Об историческом значении освобождения крестьян", характеризуя почву на которой возникло крепостное право: "Индивидуальность не имела простора, начала личности не было вовсе. То, что составляет основание всего европейского развития, что определило европейскую жизнь — именно этого у нас не было".[21]

Владимир Соловьев, споря с эпигонами славянофильства, прежде всего с Катковым, писал в статье "Славянофильство и его вырождение" (1889): "Ислам . . . значит покорность или *резигнация* перед высшей силой. У нас в России среди псевдо-христианского общества явился такой "ислам', но только не по отношению к Богу, а по отношению к государству".[22]

Соловьев, как уже отмечалось, сближал, почти отождествлял понятия: государство и национализм. Это сближение-отождествление вызывалось еще и тем, что многие почитатели обожествленного государства выступали и как проповедники крайнего национализма.

Принципиальное отвержение истины как таковой во имя национальных *вкусов*, отвержение справедливости как таковой во имя национального *своекорыстия* — это отречение от истинного Бога, от разума и от совести человеческой сделались теперь господствующим догматом нашего общественного мнения.[23]

Это написано за пятьдесят-шестьдесят-восемьдесят лет до четвертого раздела Польши в 1939 году, до травли "безродных космополитов" в 1949 году и до "братской" танковой помощи своевольным венграм в 1956, чехам и словакам в 1968 году.

Вл. Соловьев отчетливо различал разные направления государственно-политических тенденций:

Значительное большинство голосов подается нашими патриотами не за св. Сергия или св. Алексия, не за Владимира Мономаха или Петра Великого и даже не за Каткова, а за Ивана Грозного. Вот их настоящий излюбленный герой . . . возведенное в принцип отрицание всех объективных понятий о добре и истине с апофеозом Ивана Грозного в виде живописной иллюстрации к этому принципу — вот последнее слово нашего национализма.[24]

Этот отзыв может быть отнесен и к великодержавному шовинизму Сталина-Жданова и других "марксистско-ленинских" почитателей грозного царя с его прогрессивной опричниной, а так же к более поздним ревнителям и официального великодержавного, и полулегального и вовсе оппозиционного "диссидентского" шовинизма.

(За то время, которое отделяет нас от Соловьева, стали несколько по-иному различимы понятия. *Патриотизм* — естественное здоровое сознание привязанности к родной стране, родному языку, — *национализм* — болезненное, но естественное обострение патриотических чувств в условиях национального угнетения или угроз национальному существованию, а *шовинизм* — противоестественное, тлетворное вздувание национальных мифов, разжигание вражды к другим народам и насаждение человеконенавистнических предрассудков.)

2.3. Сегодня есть люди, утверждающие, что от всех бед, принесенных коммунизмом России, может помочь лишь возрождение духа "православной соборности" в условиях "авторитарного государства". Они убеждены, что русский народ вообще "не приспособлен" к демократии, как это явствует из опыта послефевральской России 1917 года и даже опыта Думы в 1906-17 годах. Они не видят — или не хотят видеть, —

что ненавистный им тоталитарный коммунистический режим закономерно унаследовал и развивает государственно-политические, а так же идеологические традиции авторитарной империи. Они забывают — или не хотят помнить, — что ни после октября 1905 года, ни после февраля 1917, именно благодаря живучести этих традиций в России, русской революции не удалось реально утвердить демократические права меньшинств и права личности, не удалось выработать законы, гарантирующие эти права и не удалось создать независимые от произвольных изменений верховной власти средства, (юридические, общественные, административные), для защиты этих прав и законов.

Отвергая любые виды либерализма и демократии, они предлагают по существу лишь произвести очередную перемену декорации на той же сцене и в той же исторической трагедии, в которой каждая такая перемена неизбежно сопровождается кровавыми бедствиями и варварскими разрушениями, предлагают лечить от ожогов новыми прижиганиями, спасать от удушья, затягивая петлю с другого конца.

2.4. Кюстин писал в 1840 году: "Русское правление — это дисциплина военного стана, заменившая порядок гражданских общин — осадное положение, ставшее нормальным состоянием общества".[25]

Более ста лет спустя Н. Лосский сочувственно ссылался на книгу Ильина "Сущность и своеобразие русской культуры", в которой утверждается, что, "Россия в большей части своей истории была осажденной крепостью". (Ильин приводит цифры: с 1366 до 1893 года, за 525 лет, войны длились 329 лет, т. е. на два года войны приходился лишь один мирный год.[26]) Ни он, ни Лосский не отделяют оборонительных войн от завоевательных; между тем Отечественные войны 1612 и 1812, оправдывающие ссылку на "осаду", нельзя уравнивать с завоевательными походами на Кавказ, в Среднюю Азию и другие.

О том, что наша страна — "осажденная крепость", я услышал впервые еще школьником, поверил в это безоговорочно и потом несчетно повторял сам, устно и письменно, убеждая других и себя, что именно поэтому нам необходима железная дисциплина везде, величайшая бдительность, беспощадная борьба с ''врагами народа''; именно поэтому неизбежны лишения, к которым надо терпеливо привыкать.

Те же аргументы, которыми почитатели Николая объясняли и оправдывали бессудные расправы с непокорными и бунтовавшими крестьянами, с польскими повстанцами и всеми, кто им сочувствовал или подозревался в сочувствии, с Чернышевским и народническими ''пропагаторами'', повторяли позднее Победоносцев, Плеве, а вся монархистская печать так же доказывала необходимость чрезвычайных административных репрессий сразу же после ''дарования конституции'' в 1905 году, необходимость военно-полевых судов и массовых казней.

И почти теми же словами, исходя из такого же релятивистского — чтобы не сказать ''нулевого'' — правосознания, следуя той же логике оправдания низких средств великой целью, мои наставники, мои товарищи и я защищали военный коммунизм, ''ежовые рукавцы'' и все последующие захваты и завоевания.

2.5. ''Все лгут друг другу, видят это и продолжают лгать, и неизвестно, до чего дойдут. Всеобщее развращение или ослабление нравственных начал в обществе дошло до огромных размеров. Взяточничество и чиновный организованный грабеж страшны. Все зло происходит главным образом от угнетательной системы нашего правительства, угнетательной относительно свободы мнений, свободынравственной''.[27]

Это писал К. С. Аксаков царю Александру Второму.

Но так же и о том же мог бы писать А. Д. Сахаров генеральному секретарю ЦК КПСС и председателю Президиума Верховного Совета.

2.6. Преемственность государственных идеологий и нравов наглядна в неизбывном пристрастии к показному величию, благолепию и великолепию.

"Потемкинские деревни" давно стали расхожим понятием на многих языках. От них ведет прямой путь к многообразной советской "показухе" и, в частности, к "Олимпийским деревням" 1980 года.

С. Г. Волконский, вспоминал, как нелепо, дико муштровали русские войска уже после славных побед 1812-1814 годов:

Одиночное учение было на втором плане, маневрирование было неудовлетворительным. Главным делом считался церемониальный марш. На смотрах всю надежду возлагали на него.

Пристрастие к парадам в России доходит до мании... ребячество в огромных размерах — нечто ужасное; это уродство, возможное только при тирании, которая в нем проявляется.[28]

Это написано в 1840 году. То же самое, слово в слово можно было повторить и сто лет спустя. В то время, когда по нескольку раз в год на площадях и улицах Москвы, Ленинграда, республиканских столиц и больших городов парадно маршировали войска, катились пушки и танки, — до войны еще и конные части с тачанками, — проходили пестро расцвеченные спортивные парады и нарочито шумные ликующие "демонстрации трудящихся". В августе ежегодно происходили праздники авиации — т. е. парады военно-воздушных сил и парашютных частей.

После того, как в 1935 году Сталин декретировал, что "жить стало лучше, стало веселей", зарядили пышные фестивали — "декады" и "месячники" национальных республик, рассылавших по стране свои театры и "ансамбли песни и пляски"; среди них были и казачьи — донские и кубанские. Шло поточное производство "жизнеутверждающих, оптимистических" зрелищ, прежде всего фильмов типа "Цирк", который принес эрзац-гимн "Широка страна моя родная".

Мы пели-распевали — и ведь многие с искренним патриотическим волнением — "я другой такой страны не знаю, где так вольно дышит человек", в те самые годы, когда миллионы советских граждан стали бесправными, безгласными "зека" — государственными рабами, когда ежовско-бериевские опричники расстреляли, замучили до смерти пытками сотни тысяч людей.

Именно тогда были особенно частыми оглушающе зычные, ослепляюще яркие парады, празднества, фестивали...

А в те месяцы, когда советские оккупационные войска — самолеты и танки, уничтожали афганские деревни, выжигая напалмом дома и людей, когда во всей России не хватало ни мяса, ни молока, (в Архангельске молоко для детей отпускали только по врачебным рецептам), ни лекарств, — миллиарды рублей расходовались на подготовку и проведение "сверх-парада" Олимпийских игр в Москве-Ленинграде-Киеве-Таллине.

2.7. Все правительства Российской империи, даже в пору либеральных реформ, испытывали ненависть и отвращение к любым проявлениям "духа революции", к мятежникам, бунтарям. (В начале 60-х годов XIX века в пору великой "оттепели" заслуженный полковник Дитмар был уволен в отставку за то, что, проводя свой отпуск в Италии, случайно встретился с Гарибальди, пожал ему руку и получил он него подарок — его портрет с надписью-здравицей России и ее царю-освободителю.[29])

Однако в 1863 году в Западных и Юго-западных губерниях агенты правительства и его генералов побуждали крестьян восставать против польской шляхты, уверяя, что поляки бунтуют против царя только потому, что они за крепостное право.

Последовательные монархисты-легитимисты, безоговорочно отвергавшие и презиравшие любые формы "республиканства", весьма огорчались и возмущались, когда министры Александра III-го и Николая II-го заключали дружественные союзы с Французской республикой, — в правительстве которой участвовали даже недавние социалисты, — союзы, направленные против монархической Германии, — а на первых порах и против монархической Англии, — т.е. против держав даже непосредственно семейно-династически родственных.

С такой же "идеологической гибкостью" Советское правительство уже в 20-е годы заключало тайные союзы с "черным рейхсвером", в Липецке и Вольске вплоть до 1933 года действовали секретные военные школы, готовившие летчиков и танкистов для рейхсвера, который по версальскому договору не имел права на такие виды вооружений. Без этой почти десятилетней советской помощи Гитлер не мог бы два года спустя превратить стотысячный "рейхсвер" в миллионный "вермахт". В 1939-1940 гг. последовал открытый дружеский союз с нацистской империей,[30] раздел Польши, захваты Прибалтики и Буковины, выдача нескольких сотен немецких и австрийских коммунистов и антифашистов гестаповцам.

Так, и в идеологической беспринципности Сталин перещеголял всех предшественников. В этом царям и генералиссимусу подражают их преемники, поддерживая арабских и африканских диктаторов, которые резво уничтожают своих коммунистов, лишь бы только эти "прогрессивные" диктаторы были достаточно враждебны США и вообще Западу, как Иди Амин, Каддафи, Аятолла Хомейни.

3.0. В последние десятилетия русским и украинским крестьянам и обитателям малых городов живется значительно хуже, чем крестьянам Прибалтики, Закавказья и Средней Азии.

Но и в этом современное Российское государство развивает давние традиции. Когда императоры особенно часто и охотно декларировали свою любовь к отечеству и верноподданному народу, хуже всего приходилось именно русским крепостным мужикам, русским солдатам, униженным и оскорбленным русским людям "низших сословий".

Н. С. Голицын вспоминал:

Благодушный Александр I . . . во второй половине своего царствования, став подозрительным, недоверчивым, постоянно тревожимым мыслью о революции в Европе и России . . . стал слепым и глухим к жестоким телесным карам в России, как в народе, так и в войске, лишь для Польши и Финляндии делая исключения.[31]

Все это усилилось в николаевскую эпоху. И характерно, что тогда так же, как при Ленине и Сталине особенно ревностны были в поддержании великодержавного духа "обрусевшие инородцы" — Бенкендорф, Дубельт, Клейнмихель, Нессельроде, а в литературной жизни Булгарин, Греч, Сенковский. В мае 1837 года П. А. Вяземский писал С. Шевыреву: "Век Карамзина и Дмитриева сменяется веком Сенковского и Булгарина; поляки в Кремле и период самозванцев твердо и торжественно означается в литературе нашей".[32] И почти двадцать лет спустя литератор совсем иного мировоззрения и социального облика Н. Добролюбов сочинил сатирическое послание Гречу, когда этот ближайший сотрудник Булгарина весьма торжественно отпраздновал свой юбилей.

Поляк и немец, — вы судили
О русском слове вкривь и вкось, —
И патриотами прослыли,
Хваля Россию на авось . . .
Тебе назначен юбилей.
Твоя почтенная известность
Решением тех подтверждена,
Кому вся русская словесность
Есть незнакомая страна.[33]

Националистические предрассудки Вяземского и Добролюбова естественны, хотя и несправедливы. В ту же пору другой обрусевший немец, Владимир Даль, плодотворно работал для русской словесности, был столь же неподдельным русским патриотом, как любой из московских славянофилов. Но в письме князя Вяземского и в стихах разночинца Добролюбова отразились действительные соотношения между казенной державной идеологией и русской словесностью, которая была ей "незнакомой страной". Такой оставалась она и для всех цензоров с истинно русскими фамилиями и для ревнителя казенной церковности Победоносцева, а впоследствие для наследников Булгарина-Греча в РАППе и Союзе писателей СССР, для Жданова и других новых "самозванцев", пытавшихся судить о русском слове "вкривь и вкось" и управлять литературой.

3.1. Даже потаенное бессудное цареубийство, которым большевистское правительство в 1918 году ознаменовало широкий размах красного террора, само по себе не было выдумкой Ленина; в нем так же проявились давние государственно-политические традиции.

Убийства монархов случались в истории разных стран. В Англии в XIV-XVI веках несколько королей, королев и претендентов на корону были убиты или казнены по судебным приговорам (как Анна Болейн, Мария Стюарт). Вольтер говорил, что историю Англии должен был бы написать палач. Но эта кровавая традиция завершилась в 1649 году казнью Карла I, осужденного парламентом. Во Франции в XVI-XVII веках несколько королей погибли от яда и кинжала — последним Генрих IV в 1610 году. На его внуков покушались безуспешно, а в 1793 году эту традицию прервала казнь Людовика XVI, осужденного конвентом, и его жены, осужденной трибуналом.

Иван Грозный, когда он приказывал отравить неугодную жену и когда сам "нечаянно" убил наследника-сына, был в этом вполне под стать своим французским и английским современникам. Так же, как убийцы царевича Дмитрий и детей Борис Годунова, и убийцы Дмитрия самозванца, как ни как, а "помазанного на царство" ... Едва избежал подосланных убийц юный Петр; сам он позднее велел тайно судить и убить своего единственного сына, царевича Алексея — то было уже не случайное сыноубийство в пылу спора, а продуманный акт "государственной необходимости", уничтожение политического противника. Петр III и Павел I были убиты заговорщиками, которые остались безнаказанными, ибо действовали в интересах державы. Злополучный Иоанн Антонович, царствовавший лишь в младенчестве, был убит в тюрьме так же по "государственной необходимости", чтоб не стал невольным символом очередного заговора. Проектами цареубийства были одержимы некоторые декабристы. На Александра II в течение 15 лет (1866-1881) буквально охотились террористы.

Российская традиция цареубийства оказалась более живучей, чем все иноземные. Николай II, самый бездарный и самый злополучный из последних Романовых, унаследовал гибельную судьбу нескольких предков.

Традиция эта продолжала существовать и позднее. Фани Каплан, стрелявшая в Ленина, была убеждена, что действует как наследница революционных цареубийц "Народной Воли". Сталин, приказывая убить Кирова, устранял опасного соперника. Все его царствование пронизано параноидальным страхом перед возможными цареубийцами. С 1935 до 1953 года десятки тысяч людей от школьников до министров были осуждены по ст. 58-8, т. е. по обвинению в "террористических замыслах".

VIII. ДОКОЛЕ?

Полное разделение между нравственностью и политикой составляет одно из господствующих заблуждений и зол нашего века.

Вл. С. Соловьев[1]

1.0. Недавно один русский религиозный националист — искренний, добрый и неглупый человек с огорчением слушал жалобы грузинских интеллигентов на все усиливающуюся руссификацию. В институтах и даже во многих школах приказано некоторые предметы преподавать только по-русски. Диссертации, защищенные в Грузии, должны быть переведены на

113

русский и подлежат утвреждению в Москве.

Он возразил: "Вы ошибаетесь! Все это не руссификация, а советизация, к сожалению, посредством русского языка".

Ему ответили: "Но почему же эту 'советизацию' у нас начали еще при Николае I и особенно усилили при АлександреIII, когда были запрещены грузинские гимназии, когда синод грабил наши церкви и монастыри, приказывая даже разрушать древние храмовые сооружения — например, часть храма Алаверди — как "не канонические" и насаждал русских священников, не знавших нашего языка?! Три года, пока Грузия была свободна, мы этой советизации не знали. Потом еще несколько лет Советы стеснялись, сдерживались... Но вот в последнее десятилетие пошла опять, как при царях, усиленная 'советизация'. Для нас все это — русское завоевание, русская оккупация..."

В этом споре сказалось одно из последствий великодержавного развития тех государственно-политических традиций, которые начали складываться в Московском царстве, крепли и развивались в Романовской Империи и достигли "сияющих вершин" в Советском Союзе.

Держава, которая угнетает многие народы и племена, и среди них, едва ли не более жестоко и губительно чем всех подавляет русское крестьянство, русских рабочих и русскую интеллигенцию, в то же время открыто выступает наследницей и преемницей Российского государства, прославляет все его былые завоевания, как "прогрессивные", как "братскую помощь" меньшим братьям. Сегодня эта держава опирается на руссифицированные вооруженные силы и руссифицированный государственный аппарат.

Поэтому в глазах многих людей других наций и других стран она и предстает воплощением неких мифических свойств "русского национального характера", таких, как "русское верноподданичество" и "русское властолюбие", "русская спесь" и "русская покорность" и т. п.

114

Народу приписывают свойства государства. И эту злую ложь проповедывают, сгущают в стойкие предрассудки не только враги России, но и те, кто претендуют на звание ее лучших, даже единственно достойных сынов.

1.1. В 1980 году Московское издательство "Молодая гвардия" выпустило книгу Ф. Нестерова "Связь времен"; 14-го августа того же года в Ленинградской комсомольской газете "Смена" рецензент М. Любомудров назвал эту книгу "учебником жизни".

В чем же смысл уроков, преподаваемых новоявленным учебником? Привожу цитаты в той последовательности, как их приводит и комментирует рецензент. Тексты настолько выразительны, что почти не требуют дополнительных толкований (ограничиваюсь восклицательными знаками).

Не успев еще сложиться в плотное этническое ядро, Великороссия должна была занять круговую оборону. Гражданский быт вынужден был подчиняться правилам гарнизонной службы. (См. выше, стр. 102-103, Л.К.)

В таких суровых условиях вызревала наша государственность, складывалась нация... народ жил в состоянии каждодневной боевой готовности. Потребовалась необычайно высокая степень сосредоточения общегосударственной власти, политическая централизация, что и было достигнуто средневековой Московией. В этом заключалось ее превосходство над западно-европейскими государствами (!!!)...другие качества, в которых русские превзошли многих своих соседей: особой силы понимание воинского долга, военная и политическая (!!) дициплина, достигавшая беспримерно высокого уровня...
(В централизации и дисциплине увидены...Л.К.)...две необходимые и важнейшие предпосылки торжества России.

Ключ к пресловутой русской загадке (по мнению автора книги и рецензента, Л.К.) кроется в особом отношении русского народа к своему государству, в безусловном служении ему... (Русские, Л.К.) чувствуют себя частицей одной державы. Для нее, если требовалось, они оставляли на произвол судьбы нажитое добро, поджигали дома, оставляли на гибель родных и близких (!!!), отдавали ей столько крови, сколько

115

нужно, чтобы вызволить ее из беды. Взамен платы не справшивали — они не наемники. Таким то узлом и завязалась Россия.

(Следует заметить, что во все времена "платы не спрашивали" рабы и крепостные, а "спрашивали" не только наемники-ландскнехты, но все свободные пролетарии — рабочие и служащие, в том числе и военнослужащие дворяне — офицеры старой и новой России.)

Ту же готовность идти до конца, не считаясь ни с какими жертвами, они проявляли не только на полях битв с иноземцами, но и в борьбе против внутреннего классового врага.

(Судя по рецензии, здесь имеется ввиду "онемеченная, потерявшая национальную и политическую ответственность династия". Такие классовые враги, как миллионы "кулаков", "подкулачников" и прочих "врагов народа", видимо только подразумеваются.)

Эпоха военного деспотизма прошла, ушло Московское царство, миновалась Российская империя, но неразрывно спаянное государственное единство, привычка русского народа к централизации /!!!/ к дисциплине, его готовность к величайшему самопожертвованию ради справедливого дела, эти черты укреплялись /!!!/ и обогатились новыми.

Такие отзывы принадлежат к тому же ряду, что и высказывания Ворошилова в первомайской речи 1938 года: "Русский народ умеет воевать и любит воевать", и более давнее наблюдение: "Караси любят, чтобы их жарили в сметане".

Ни один злокозненный иноземец не оскорблял русский народ более гадко, чем подобное "патриотические" резонеры.

1.2. Таким образом новейший вариант Российской империи так же, как и все предыдущие, угнетая и эксплуатируя русский народ еще и б е с ч е с т и т его в глазах иноплеменников и иноземцев.

Нарастающая враждебность к России и к русским в национальных республиках и в восточно-европейских странах, в Афганистане, в Китае и в некоторых других странах вызывает, в свою очередь, ответную реакцию — шовинистические настроения не только в "номенклатурных" и мещанских слоях русского народа. Под прозрачными покровами декоративного интернационализма и казенного побратимства действуют цепные реакции взаимного недоверия, ненависти, плодятся шовинистические мифы и предрассудки.

2.0. Чего можно ожидать, на что надеяться в будущем?

Все многоплеменные, многонациональные империи прошлых веков распались.

Уже в нашем столетии Австро-Венгерская, Османская, Германская, Японская и Итальянская империи были разрушены ударами извне, военными поражениями.

Сравнительно мирно, под действием внутренних центробежных сил распадались империи Великобритании, Франции и США, утрачивая свои колониальные владения.

К последней четверти двадцатого века в мире осталась фактически только одна великая империя — СССР (Россия), которой противостоит один так сказать "потенциально имперский" противник — Китай.

Опыт двадцатого века можно толковать и так, что преобладание внутренних либерально-демократических сил ведет к относительно мирной, почти безболезненной дезинтеграции империи, к утверждению правовых основ, обеспечивающих самостоятельное или максимально автономное развитие отдельных наций и народностей, права общественных групп и права каждого гражданина. (Кровавые события в Ольстере и в Родезии до того, как она стала Зимбабве — все же исключения.)

Напротив, устойчивая вязкость авторитарных и тоталитарных традиций великодержавия, идеологическая нетерпимость, подавление критической мысли и свободы меньшинств приводят к катастрофам.

2.1. Можем ли мы избежать катастрофической развязки? — Можем.

Утверждаю это с уверенностью, потому что наше время, чреватое многими гибельными бедами, отличается и одной существенно положительной особенностью.

Раньше перед людьми и народами было много разных возможностей строить жизнь, покоряясь монархам или диктаторам, либо учреждая республики, более или менее демократические, терпеть лишения, доверяя демагогам, или заботиться о земных благах, воевать или соблюдать мир...

Сегодня народам предоставлен только один, зато простой и ясный выбор — стать разумнее и человечнее или погибнуть в термоядерных смерчах.

Выбирать должны все живущие на земле, в том числе и руководители государств. И сегодня не нужно быть гениальным провидцем, не требуется особая политическая мудрость, чтобы увидеть и понять, откуда грозят реальные опасности России — нации и государству.

Современная техника массового убийства и сплошного разрушения в равной мере опасна для маршалов и для рядовых, для министров и для чернорабочих. Перед термоядерными и нейтронными бомбами Белый дом, Кремль и все твердыни и убежища так же беззащитны, как любая хижина.

Сегодня интересы государства и интересы нации опять сближаются примерно так же, как в ту пору, когда гитлеровские армии накоплялись у границ.

Тогда самоубийственно тупое тоталитарное государство, подавляя всю неугодную информацию, игнорируя предостережения, противоречившие самоуверенности Сталина, помешало ослабить угрозу.

В наши дни опасности очевидны.

Это — в н е ш н и е у г р о з ы: на Дальнем Востоке правители возрожденной Китайской империи не скрывают своих территориальных претензий и

118

открыто воспитывают у сотен миллионов людей недоверие и ненависть к России; на Ближнем и Среднем Востоке ''и с л а м с к а я р е в о л ю ц и я'' грозит ''мирно'' проникнуть через границы и отравить жестоким фанатизмом миллионы советских граждан.

Это — в н у т р е н н и е у г р о з ы: разрушение природы — отравленные водоемы и реки, гибель лесов, вырождающиеся плодородные почвы, — и разрушение национального генофонда, к которому неумолимо ведут: массовое пьянство, ставшее всенародным бедствием, непосильный труд миллионов женщин и все ухудшающееся медицинское обслуживание, ''нехватка'' врачей, фельдшеров, медсестер, санитаров и т. д.

В свете этих реальных угроз становятся все более опасны, самоубийственно опасны, и внешняя политика — военное соперничество с США, с НАТО, и внутренняя политика — лживая пропаганда, подавление любого ''инакомыслия'', дорогостоящие парадные показухи.

Правительства стран Запада, США и Япония не посягают на территорию СССР, не хотят разрушать его государственный строй. Они естественно встревожены все расширяющимся, — мнимо идеологическим, а на поверку военно-политическим, — проникновением Советской Империи в Африку и Латинскую Америку, в те сферы, где раньше никогда не предполагались интересы Российской державы.

В обмен на отказ от экспансионистской политики или хотя бы на ее существенное ослабление, эти страны предоставили бы России немало материальных благ и неограниченные возможности взаимного культурного обогащения.

Напротив, дикое соперничество с США — (''они могут нас 4 раза уничтожить, а мы их только 3 раза; поэтому даешь ''догнать и перегнать!'') , — споры о Западном Берлине, о базах в Индийском океане, произвольное удерживание южных Курил, которые никогда не принадлежали России и сегодня ''полезны'' только с точки зрения стратегии девятнадцатого века, — все это инерция имперской политики, которая стала уже самоубийственно вязкой. Она приводит к возникновению таких противоестественных, но чрезвычайно опасных "силовых полей", как союз между США и Китаем, содействует возгораниям новых региональных войн (в Индо-Китае, на Ближнем Востоке), которые способны вызвать глобальные пожары, отвлекает средства и силы, необходимые для преодоления внутренних опасностей.

Необходимо возрождать леса и поля, очищать воды, а не производить все новые смертоносные ракеты. Нужны новые больницы, родильные дома, профилактории, новые животноводческие фермы, мясные и молочные заводы, взамен танковых полчищ и подводных эскадр.

Ослабить и даже вовсе устранить зловещие внешние угрозы, преодолевать, последовательно излечивать внутренние беды, которые неразрывно связаны со всемирными проблемами защиты природы и здравоохранения, можно лишь в условиях разумного и честного международного сотрудничества.

Именно — ч е с т н о г о.

Политические теоретики и "практики" от Маккиавели и Цезаря Борджиа до Наполеона, Бисмарка, Черчилля, Ленина, Троцкого, Гитлера, Сталина, Мао и других, доказывали, что нравственность и политика взаимно чужды, несоизмеримы, что связывать эти понятия могут лишь циничные лицемеры или наивные идеалисты.

Но в эпоху термоядерного оружия, радиоэлектронных средств наблюдения (космической разведки), массовой информации и массовой пропаганды, политика даже самых ловких обманов, тайных уловок, отвлекающих маневров, предательских диверсий и т. п. — любая бесчестная, безнравственная политика становится гибельно опасной для всех, в том числе и для самих обманщиков, даже наиболее хитроумных.

Для того, чтобы "простые законы нравственности

и справедливости, которыми должны руководствоваться в своих взаимоотношениях частные люди стали высшими законами и в отношениях между народами" — к этому призывал Маркс в 1864 году,[2] — необходимо простое условие: "что правда для человека, как лица, то пусть останется правдой и для всей нации". На этом настаивал Достоевский в 1877 году.[3]

Эти близкие по духу пожелания людей, во многом решительно противоположных друг другу, высказаны более ста лет тому назад.

Тогда они были только благими пожеланиями. Сегодня это решающие условия сохранения жизни на земле.

3.0. Чего же можно ожидать в будущем?

Тридцать лет тому назад, считая себя марксистом-ленинцем, я был убежден, что ясно представляю себе, какою будет через полвека счастливая коммунистическая Россия.

Двадцать лет тому назад, полагая себя еще марксистом, но уже свободным от ленинской догматической нетерпимости, я пытался приближенно, в самых общих чертах, но все же предсказывать развитие России в направлении к настоящему, т. е. демократическому и гуманному социализму, основанному на свободе и многообразии хозяйственной, общественной и духовной жизни...

Раньше я был убежден, что возможно разумное, научное предвидение будущего народов.

Сегодня я могу только верить и надеяться.

Верю, что все же иссякнут, наконец, те государственно-политические традиции, которые издавна и доныне подавляют права большинства русского народа, права всех идеологических и этнических меньшинств и права личности, традиции, препятствующие свободному развитию национальной духовной жизни.

Верю, вопреки всем наветам откровенных врагов, мнимых друзей и любящих, но блудных сынов России, что русский народ уже давно созрел для свободной общественной жизни и правовой государственности. И надеюсь, что путь к ним ведет не вспять, не через возвращение к мифическим "ленинским нормам" и не через столь же мнимо благотворную, сказочно приукрашенную "древнюю авторитарность", а только в п е р е д в поисках новых еще небывалых, и сегодня может быть непредвидимых разумных средств и форм устроения общества, таких, которые обеспечат самоуправление его отдельных частей (селений, городов, областей), надежные связи между ними, а также с другими странами, утвердят справедливый порядок, права и безопасность всех и каждого из граждан и гостей.

Не думаю, что для этого нужно заимствовать чужеземные образцы; разве что лишь общий международный принцип разделения и наибольшей взаимной независимости законодательных, судебных и административных учреждений.

В России — в ее прошлом и настоящем — есть животворные общественные традиции и самие давние — вечевые и недавние, те что воплощены в русских подвижниках последних двух столетий. Для поисков и прокладывания новых путей, для создания новых средств преодоления исконных противоречий между народом и государством плодотворны мысли, труды, опыт многих даровитых людей, пусть несогласных между собой. Радищев и Сперанский, Пушкин и Чаадаев, декабристы и славянофилы, западники и нарохники, Герцен и деятели реформ Александра II, Лев Толстой и Владимир Короленко, социал-демократы, эсеры, кадеты и Витте, Столыпин, Кривошеин, Гучков, "белые" и "красные", идеалисты и материалисты — каждый из них, кто исследуя, размышляя, творя, мечтая и заблуждаясь, хотя бы только в отдельных случаях, хотя бы и неосознанно, работал на благо народа, а не только для государства, кто создавал живые ценности национальной культуры вопреки идеологиям, догматам, сословным или партийным пристрастиям, навсегда стал созидателем по-настоящему русского, значит и всечеловеческого Будущего.

В наши дни такие лучшие силы и надежды России, ее бессмертный дух олицетворяет Андрей Сахаров.

Верю, надеюсь и заклинаю вслед за Волошиным:

Из крови пролитой в боях,
Из праха, обращенных в прах,
Из мук казненных поколений,
Из душ, крестившихся в крови,
Из преступлений, исступлений,
Из ненавидящей любви
Возникнет праведная Русь.

Москва—Кельн—Анн Арбор
1979-1981

ПРИМЕЧАНИЯ

1. О различиях между государствами и нациями

1. П. Я. Ч а а д а е в, Сочинения и письма. Москва, 1913-14. Т. 2, стр. 197-98, 226.

2. К н. Н. С. Т у р б е ц к о й, Европа и человечество. София, 1920. стр. 3.

3. М а р к с и Э ч г е л ь с, Собрание сочинений. Т. 1, стр. 275.

4. Там же, стр. 137, 138.

5. Там же.

6. Там же, т. 19, стр. 496-97.

7. К. Л е о н т ь е в, Восток, Россия и Славяне. М. 1885. Т. 1, стр. 145.

8. Там же.

9. Там же.

10. Ф. М. Д о с т о е в с к и й, Полное собрание сочинений. СПБ. 1895. Т. 11, ч. 1, стр. 495.

11. Там же, стр. 496.

12. Там же, стр. 498.

13. Г. П. Ф е д о т о в, Лицо России (1926 г.). Париж, 1967. стр. 261, 266.

14. В. Л е н и н, Собрание сочинений. 4-е изд. Т. 20, стр. 369, 372, 383.

15. Там же, стр. 411.

16. Там же, стр. 477, 479.

17. Г. Ф е д о т о в, о.с., стр. 80.

18. Л. Г у м и л е в, Этногеноз и биосфера земли. Л., ЛГУ, 1979, стр. 28.

19. Там же, стр. 171.

20. Там же, стр. 176.

2. Некоторые черты российской истории.

1. Г. Ф е д о т о в, о. с., стр. 80.

2. Князь Глеб и бояре его сташа у епископа, а людие вси идоша за волхва и бысть мятежь межи ими. (Уваровск. список, л. 1)

3. Л. Г у м и л е в, о. с., стр. 109-110.

4. Там же, стр. 228.

5. Г. Ф е д о т о в, о. с., стр. 84.

6. Там же, стр. 6-7.

7. Там же.

8. Н. К л е п н и н, Святой и благоверный князь Александр Неский Париж, 1927, стр. 15.

9. Там же, стр. 17.

10. Л. Г у м и л е в, о. с., стр. 226.

11. Там же, стр. 229.

12. Цит. по Лебедеву, ,,Чаадаев", М. 1965, стр. 161.

13. К. Д. К а в е л и н, ,,История освобождения крестьянства", Русская старина, 1887, янв., стр. 169.

14. Православные новгородцы с их буйным Вече и открытостью к Западу были для Московских князей во многом более чужими и казались даже более опасными, чем приволжские и другие ближние "бусурмане".

15. В л. С о л о в ь е в, ,,Открытое письмо к И. С. Аксакову", 1884. Собрание сочинений, 1966. стр. 49.

16. Ф е д о т о в, о. с., стр. 287.

17. Там же, стр. 80.

18. Л е о н т ь е в, о. с., стр. 96.

19. Ф е д о т о в, о. с., стр. 91.

20. Там же, стр. 97.

21. „Правда русского гражданина Виктора Лебедева", СПБ., 1836, стр. 13.

22. „Николаевская эпоха. Воспоминания французского путешественника маркиза де Кюстин". Москва, 1910. стр. 18, 107.

23. Л е о н т ь е в, о. с., стр. 165.

24. К. Л е о н т ь е в, Автобиография. Литературное наследство, 1955. Т. 22-24, стр. 442.

25. П. С т р у в е, Социальная и экономическая история России. Париж, 1921, стр. 314.

26. Н. О. Л о с с к и й, Характер русского народа. Посев, 1957. Стр. 50-51.

27. Ф е д о т о в, о. с., стр. 52.

28. Там же.

29. Ф р и т ь о ф Н а н с е н, В страну будущего. Петроград, 1915. Стр. 281.

30. С. М е л ь г у н о в, На путях к дворцовому перевороту. Париж, изд. „Лев", стр. 33.

31. Там же, стр. 127.

3. На развалинах монархии.

1. М е л ь г у н о в, о. с., стр. 77.

2. Там же, стр. 96.

3. Там же, стр. 149, 150.

4. Н. Б е р д я е в, Самосознание. Париж, 1948. стр. 246.

5. М е л ь г у н о в, о. с., стр. 34.

6. См. работы Р. Медведева, "Весна 1918 года", „Лето 1918 года"

7. Д е К ю с т и н, о. с., стр. 34-35, 42.

8. Л е о н т ь е в, о. с., стр. 103.

9. *Mein Kampf* 1941, стр. 742-43.

10. Б е р д я е в, о. с., стр. 245.

11. Ф е д о т о в, о. с., стр. 91.

12. Там же, стр. 112, 121.

13. Н. Л о с с к и й, о. с., стр. 66.

14. Там же, стр. 151.

15. М. О. М е н ь ш и к о в, Из записных книжек. в: „Прометей", № 12, М. 1980. стр. 254.

16. Там же.

17. Там же, стр. 256.

18. Л е о н т ь е в, о. с., стр. 46.

4. Восстановление "Единой и неделимой".

1. Л е н и н, Собрание сочинений, изд. 4-ое, т. 29, стр. 451.

2. А. С. Ф е д о с к и н в „Истории СССР", № 2, 1960.

3. Р. П л е х а н о в, Год на Родине, собрание статей и речей. Париж, 1921, т.2, стр. 248.

4. Л. Т р о ц к и й, Моя жизнь. Берлин, 1930, т. 2, стр. 76.

5. М. А г у р с к и й, Идеология национал-большевизма. Париж, 1980, стр. 145. Л. Т р о ц к и й, Литература и революция, стр. 69.

6. Л. Т р о ц к и й, Моя жизнь, Берлин, т. 2, стр. 79.

7. Там же, стр. 76.

8. ЦГАОР УССР, ф.1, д. 7 (цит. по франт. Сильницкий, „Нац. политика КПСС с 1917 по 1922 гг.", Мюнхен, 1978, стр. 66.

9. И. С т а л и н, Собрание сочинений, т. 3, стр. 25.

5. Побежденный победитель.

1. С и л ь н и ц к и й, стр.

2. Л е н и н, т. 20, стр. 29.

3. Л е н и н, т. 22, стр. 198.

4. Л у и с Ф и ш е р, Жизнь Ленина, Лондон, 1970, стр. 291.

5. Там же, стр. 763.

6. Там же, стр. 791.

7. Ленинский сборник, т. 36, стр. 320-21.

8. Ф и ш е р, о. с., стр. 791.

9. Ленинский сборник, т. 36, стр. 31-38. См. также Ф и ш е р, о. с. стр. 383, 701.

10. В. Л е н и н, Собрание сочинений, 2-ое изд., т. 25, стр. 441.

11. Там же, т. 27, стр. 296.

12. Ф и ш е р, о. с., стр. 573.

13. Там же.

14. Там же, стр. 576.

15. Там же, стр. 587.

16. В. Л е н и н, Собрание сочинений, 4-ое изд., т. 29, стр. 199.

17. В. И. Л е н и н и М. Г о р ь к и й, Письма. Воспоминания. Москва, 1961, стр. 262.

18. В июне 1945 г. ту же мысль с еще большим цинизмом высказал Сталин в известном тосте "за великий русский народ".

19. А н ж е л и к а Б а л а б а н о в а, Ленин. Лондон, стр. 97-98.

20. Л е н и н, Собрание сочинений, т. 33, стр. 438.

21. Ф и ш е р, о. с., стр. 675.

22. Г р. П о м е р а н ц, „Сон о справедливом возмездии". в: „Синтаксис", № 6, 1980 (Париж), стр. 76-77.

23. Ленинский сборник, т. 36, стр. 424-25.

24. Там же.

25. Там же.

26. Л е н и н, Собрание сочинений, т. 33, стр. 440-60.

27. Там же, стр. 145-160.

6. Империя без коронаций.

1. В. В. Ш у л ь г и н, 1920 год. Очерки. Ленинград, 1926.

2. См. Сильницкий, о. с., стр. 161.

3. Н. У с т р я л о в, В борьбе за Россию. Харбин, 1920, стр. 5, 13.

4. А г у р с к и й, о. с., стр. 73.

5. Н. У с т р я л о в, Россия (из окна вагона). Харбин, 1926, стр. 346.

6. Там же, стр. 88.

7. „Смена вех", 1921, № 5.

8. „Современные Записки", 1921, № 6, стр. 155.

9. Сборник „О смене вех", Петроград, 1921. См. Агурский, о. с., стр. 104.

10. „Новая Россия", 1922, № 1.

11. „Россия", 1922, № 3.

12. Н. У с т р я л о в, Под знаком революции. Харбин, 1927, 2-ое изд., стр. 174, 235.

1. *B. Russel, The Practice and Theory of Bolshevism.* London 1920, p. 131.

2. Л о с с к и й, о. с., стр. 37, 39, 116.

3. А. Г е р ц е н, Собрание сочинений, 1958, т. 7, стр. 183.

4. В. С. С о л о в ь е в, Собрание сочинений (фототип. изд.), Брюссель, 1966, т. 5, стр. 12-13.

5. „Вестник Европы", 1802, № 14. См. также Н. К а р а м з и н, Ибранные сочинения, М.Л., 1964, т. 2, стр. 280-87.

6. „Литературное наследство", № 22-24, 1935, стр. 81.

7. Там же.

8. „Вопросы литературы", 1980, № 6, стр. 194.

9. Г. П о м е р а н ц, о. с., стр. 55.

10. С 1762 года и до конца 50-х гг. помещики имели право без всяких мотивировок отправлять своих крестьян на сроки от нескольких месяцев до "бессрочно" в Сибирь и на сроки до года в "арестантские роты".

Статистические сведения о ссыльных в Сибири — СПБ., 1857; Н. А н у ч и н, Исследование о проценте ссылаемых в Сибирь, 1866; Г. Б а л ц к и й, Россия при Николае 1, М. 1906; С. М а к с и м о в, Сибирь и каторга, СПБ., 1891; Д ж. К е н н а н, Сибирь и ссылка; П. К р а п о т к и н, Ссылка и каторга в России, СПБ., 1906; Г е р н е т, История царской тюрьмы, т. 2 (1825-1870), М. 1951.

Старые и новые черносотенцы охотно козыряли, утверждением, что в России в девятнадцатом веке "почти не было смертных казней". По судебным приговорам с 1826 до 1866 г. действительно казнили редко. Но в 1831, 1848-49 гг. в западных губерниях ревностно вешали и расстреливали по решениям военно-полевых судов и просто по приказам генералов. Количество забитых на смерть кнутами ("торговая казнь") и шпицрутенами по приказам воинских начальников установить нелегко. Например, после холерного бунта в Новогородских военных поселениях в 1832 году кнутом и шпицрутенами (по 2 и 4 раза через 500 человек) были наказаны "всего более 300". Очевидец вспоминал: "Перемерло много из казненных сразу же..." В народе во все время казней /продолжавшихся несколько дней публично/. Л. К./ не замечалось никакого озлобления, ни малейшего ропота против начальства; говорили только: "Господь наказывает нас за грехи" („Русская старина", 1875, сентябрь, стр. 58-59). Примером царского великодушия может служить резолюция Николая 1 на докладе гр. Панина, предлагавшего "наказать смертию" двух нарушителей карантина на р. Прут (2.Х. 1827): "Виновных прогнать 12 раз сквозь тысячу человек. Слава Богу смертной казни у нас не бывало и не мне ее заводить" („Русская старина,", 1883, декабрь). Это написано через год после повешения пятерых декабристов. Когда прогоняли даже только "сквозь 500 человек", то на второй раз шпицрутенами секли уже окровавленный труп, который тянули на волокуше "чтоб точно исполнить приказ". Великодушный Николай 1 был прямым предтечей гуманиста Сталина.

11. Характерна трогательная анонимная апология Петру в книжке „Мысли русского на новый год", СПБ., 1843: "В прочих государствах ползком-ползли до ума-разума; а русский царь-государь изволил повелеть: "будьте умны" и все вдруг сделались умны; "будьте образованы" и вдруг перещеголяли всех европейцев; "будьте и славны" и все народы с уважением поклонились Российскому величию". В том же стиле дальше о достижениях в сельском хозяйстве: "Хлебец русский вся Европа покушивает, а хотя бы и были у нас сплошь два неурожая, но это ничего не значит для России". Не забыта и процветающая промышленность:

"Почти 7000 фабрик и мануфактур и заводов . . . более полумиллиона работников..."

Масштабы и количества куда как меньше всего, чем гордятся советские патриоты. Но разве не так же, не с такой же уверенностью и доказательностью, славили мы великого вождя, чей гений только и позволил стремительно "догнать и перегнать" все прочие государства", выполняя пятилетку в четыре года, вывозя в Европу "хлебец русский" и в те годы, когда у нас миллионы хлеборобов умирали от голода?

12. См. „Литературное наследство", № 22-24, стр. 431.

13. В. А. М а к л а к о в, Из воспоминаний. Нью-Йорк, изд. Чехова, 1954, стр. 9, 364.

14. Статья „Идея России" в журнале „Свободное слово", № 3-4, 1981, стр. 18.

15. Достоевский писал: "Церковь в параличе с Петра Великого" (Биография, письма, заметки, Кн, 3, СПБ., 1883, стр. 356.

16. Журнал Московской патриархии, № , 1980, стр. 5.

17. С т а л и н, Собрание сочиненй, т. 3, стр. 383-86.

18. Б е р д я е в, Самопознание, стр. 363.

19. Казнен в 1863 г. в Вильно как повстанец.

20. „Русская старина", № 15, 1884, стр. 55.

21. В л. С о л о в ь е в, о. с., стр. 216.

22. Там же, стр. 220.

23. Там же, стр. 223-24.

24. Там же.

25. Д е К ю с т и н, о. с., стр. 23.

26. Л о с с к и й, о. с., стр. 53.

27. Сборник „Теория государства у славянофилов," СПБ., 1899, стр. 27.

28. „Русский Архив", 1883, март, стр. 88.

29. „Русский Архив", 1883, май, стр. 81.

30. Этот союз готовился значительно раньше. См. Е. А. Г н е д и н, Из истории советско-германских отношений, Нью-Йорк, Хроника-Пресс, 1977.

31. „Русская старина", 1890, апрель, стр. 76.

32. „Русский Архив", 1885, июнь, стр. 365.

33. „Современник", 1911, № 11, стр. 250.

7. Доколе?

1. В л. С о л о в ь е в, Нравственность и политика, 1883.

2. М а р к с, Э н г е л ь с, Собрание сочиненй, т. 16, стр. 11.

3. Д о с т о е в с к и й, Дневник писателя, февраль 1877 (Меттерних и Дон Кихот).